Colección
Aprendizaje y subjetividad

Edición: Primera. Octubre de 2025
Lugar de edición: Buenos Aires, Argentina / Barcelona, España

ISBN: 979-13-87546-36-6
E-ISBN: 979-13-87546-37-3
Depósito legal: M-22468-2025

Categoría IBIC: JNSV2 [Educación especial / necesidades educativas especiales]
MJNA [Psicología infantil y adolescente]
JNDB [Psicología educacional]

Categoría Thema: JNFD [Educación inclusiva / educación especial]
MMZD [Trastornos del espectro autista]
JNLB [Psicología educacional]

Categoría BISAC: EDU026000 [Educación / Educación especial]
PSY008000 [Psicología / Infantil y adolescente]
EDU040000 [Educación / Métodos de enseñanza / General]

Armado y composición: Eduardo Rosende
Diseño: Gerardo Miño

Página web: www.minoydavila.com.ar

Dirección: Miño y Dávila s.r.l.
Tacuarí 540
(C1071AAL), Buenos Aires.

LAURA KIEL

El autismo en la escuela

Un ensayo sobre inclusión escolar

MIÑO y DÁVILA
◆ EDITORES ◆

Índice

A todos esos niños y niñas que no nos pueden hablar de su sufrimiento en la escuela.

Agradecimientos

A cada una y uno de los docentes de las diplomaturas de UNTREF y colegas de Entrevenir, por esa orientación colectiva que se refleja en estas páginas; por ese deseo que contagia y ese compromiso que se renueva.

A las y los docentes, por sus preguntas e inquietudes, que siempre me dejan pensando y por enseñarme a no ceder en la búsqueda de otra escuela posible.

A Mariano Campos, por su lectura, tan detallista como rigurosa.

A Rinaldo Voltolini, por ese prólogo que dialoga con las ideas enriqueciéndolas.

A Tono Castorina, por su ayuda generosa para concretar la publicación de este libro.

PRÓLOGO

¿Es posible en el campo de la educación una reflexión que no sea moral? O sea, que no esté desde el inicio condicionada por la pregunta: ¿cómo "deben ser" las cosas? Así, Francis Imbert inauguraba, de modo provocativo, su libro sobre la cuestión ética en el campo de la educación. Propone distinguir entre ética y moral: mientras la moral es el campo de la buena forma, aquél donde se cambian las cosas a cómo deberían ser, la ética, a su vez, es el campo donde se pregunta cómo las cosas llegarán a ser como son. Es el campo donde se interroga sobre los hábitos para conocer mejor al monje.

El libro que el lector tiene en las manos es seguramente un excelente ejemplo de reflexión ética en la educación. Más particularmente de la "inclusión escolar", como la propia autora define el término con el cual pretende trabajar. Y la elección de este término ya es su primera decisión ética: no quiere perderse en debates de principios, en general político-ideológicos, muy frecuentes en el campo de la Pedagogía, ya que quiere preguntarse sobre los efectos de una práctica discursiva y su dinámica institucional. La autora no duda en afirmar su posición político-ideológica favorable a la inclusión escolar, pero no la defiende sin cuestionar los efectos que se despliegan de las prácticas creadas bajo su fórmula: "una escuela para todos".

¿Cuáles son los hábitos de este dispositivo llamado de inclusión escolar? Se puede decir que esta es la cuestión central de este libro. Si tiene una cuestión para desarrollar tiene una brújula con la cual orientarse. Muchos autores serán evocados pero es fundamentalmente en Foucault que encuentra las herramientas necesarias para deconstruir el dispositivo de la inclusión escolar y en el psicoanálisis una ética del sujeto con la cual no cede ante lo trágico de la existencia humana.

Aunque no sea un libro psicoanalítico —no fue un objetivo serlo— puede verse a la psicoanalista en operación. Primero porque reflexiona desde la experiencia en la cual se encuentra implicada, transferencialmente y en este sentido hace un trabajo verdaderamente clínico si por clínico no entendemos rápidamente lo médico. Lo clínico es un método que reconoce que no hay universal que no se muestre bajo una forma singular. Nada de soluciones generales mágicas para todos los problemas, sino salidas singulares para ciertos impasses.

La autora evita así caer en el dispositivo más común en nuestra época de democracia neoliberal: el paradigma problema-solución, típico del Discurso del Capitalista, como ha bien apuntado Lacan, en el cual hay que evaluar correctamente un problema, producir un conocimiento sobre él, hasta encontrar su solución. No hay solución de un problema sino salidas posibles de un impasse. No hay ningún conocimiento infalible que valga para todos los casos semejantes sino un "saber hacer allí con la cosa" como decía también Lacan.

Con esta postura restituye un lugar para el sujeto, sola instancia desde la cual se puede manejar un impasse sin caer en la ilusión de las soluciones *standard*, tan de moda hoy en día. Pero también, y sobre todo, porque con esta postura puede abordar mejor la "máquina escolar y la inclusiva", concepto tomado de Deleuze y Guatarri con el cual la autora sostiene toda su lectura de la institución escolar.

En efecto, si pensamos a la máquina cómo el símbolo de la revolución industrial, aquella que ha venido a desplazar al saber del artesano —siempre singular y autoral— por el automático de la máquina, podemos ver los motivos de su afortunada elección conceptual. El saber que se encuentra regulado en la máquina, hecho para producir objetos en serie, secuestra el saber del artesano creando la figura del trabajador/operario, aquél que no sabe nada más sobre el producto final, apenas sobre cómo operar la máquina. ¿Tendremos aún maestros artesanos u operarios de la educación?

La firme convicción de la autora en la importancia de sostener un lugar para el sujeto sigue en su observación perspicaz del cambio en la concepción de salud. De la concepción de Leriche que "la salud es el silencio de los órganos" llegamos a la reciente concepción de que la "salud es un estado de completo bienestar físico, mental y social". Laura demuestra bastante bien que si en la primera la medicina podría callarse cuando el sujeto no se queja, en la segunda ella puede y debe pronunciarse todo el tiempo sea para curar o para prevenir una enfermedad.

De una concepción concebida desde el simbólico donde el silencio —que es una dimensión del lenguaje— tiene lugar, pasamos a otra, planteada desde el imaginario, donde un ideal de completitud es imaginado y celebrado.

Rencuentra así la observación de Jean Clavreul, psicoanalista que ya había subrayado lo mismo diciendo que la principal revolución de la medicina no habría sido su evolución tecnológica, sino el descubrimiento del estado no sintomático de la enfermedad. Así la autoridad de la enfermedad pasaba del enfermo hacia el médico que la puede conocer antes que el propio paciente llegue a tener síntomas. El médico habla allí donde él calla al enfermo!

Con el bisturí quirúrgico foucaultiano y los oídos psicoanalíticos la autora sigue interpelando éticamente varias dimensiones de la máquina inclusiva. Primero para mostrar su heterogeneidad con la máquina escolar. Mientras la primera pretende promover la justicia social, la segunda intenta promover el desarrollo de los niños. No es que sean objetivos sin ninguna relación entre ellos, pero que el precio de confundirlos es caer en el riesgo de desalojar lo escolar.

En efecto, la inclusión "desembarcó" en la escuela, término bien utilizado por la autora para marcar el carácter "reformista" —en vez de "revolucionario" como se pretendía en las afirmaciones de cambio de paradigma— con el cual se pide a la escuela que cambie sus prácticas de segregación por otras supuestamente más inclusivas. "Desembarco" es un término que evoca la escena de la guerra o mismo de la colonización. En todo caso, una entrada invasiva, hecha por la fuerza con efectos directos sobre el ejercicio de la palabra.

Las leyes tornaron la máquina escolar más inclusiva, pero habrían creado nuevas segregaciones, o microsegregaciones como propone la autora, más peligrosas que las anteriores al ser menos visibles y, por lo tanto, más difíciles de combatir. La instalación de la máquina inclusiva en la escuela generó, también, un "no saber" docente del orden de lo angustiante, que nada tiene que ver con el no saber del orden del enigma. En el enigma el no saber lleva a la investigación, en lo angustiante lleva a pedir ayuda. La pregunta ¿"por qué mi alumno no aprende"?, que define la especificidad del campo pedagógico se ve reemplazada por aquella que es propia del campo médico: ¿"qué tiene este niño"?

A continuación, la autora sigue interpelando otra heterogeneidad: la de salud y la de la educación. Pero esta vez, no solamente para marcar la heterogeneidad sino para demostrar que entre ellas no hay complementariedad posible ni deseable. No "hay relación sexual", el aforismo lacaniano le sirve para subrayar el carácter imposible de esta complementariedad. Observación fundamental en nuestra época que pretende que una medicina sin límites —"medicalización indefinida" conforme los términos de Foucault para marcar que el saber médico no tiene límites para expandirse— pueda entrar en todos los espacios de la vida común en la ciudad.

Y es por esta puerta de la medicalización que Laura entra para hablar sobre la figura del autista y el lugar que él parece tener en la máquina inclusiva. Ella va a interesarse por los autistas en cuanto sujetos en sus experiencias escolares, a través de varios casos que ella describe con la perspicacia de alguien que conoce el campo de la educación sin confundirlo con el de la medicina. Sabe evitar los protocolos de tratamiento del autista en la escuela con los cuales se pretende hoy en día hacer pasar de modo disfrazado el saber médico en saber pedagógico; sabe encontrar las herramientas educativas y hacer valer el saber docente para buscar salidas para los impasses que surgen en el cotidiano escolar.

Pero lo que el libro nos conduce a ver con más claridad es que si del lado de la medicina el autismo se ha tornado un término muy generalizado en el cual casi todas las dificultades de desarrollo infantil son alojadas, en la escuela el autismo se ha tornado un "significante flotante", con poca o ninguna función pedagógica, pero que sirve para lo que Laura llama "batalla de sentido". Si la locura supo ser, como nos ha demostrado Foucault, el significante vacío que ha servido para marcar la sinrazón en el espacio social, el autismo sería en la escuela el nuevo significante vacío de la sinrazón escolar.

Y como ocurrió con los locos que vieron su palabra secuestrada por el poder psiquiátrico, ocurre hoy con los autistas, quienes tienen su palabra secuestrada por un saber construido en las fronteras del saber pedagógico y psiquiátrico que tiene en la escuela un lugar estratégico. Espacio donde se pretende prolongar una lógica de tratamiento en perjuicio de la lógica de la educación. Laura supo dar voz a los autistas, en cuanto alumnos en situación de aprendizaje. Así prefiere el camino de la educación al del tratamiento.

Por fin, para mantenerse coherente con todo su trayecto se lanza en el último capítulo a pensar proposiciones. Ella propone, no prescribe; se pone a pensar la escuela como un espacio lleno de posibilidades, siempre y cuando no nos dejemos llevar por el proyecto neoliberal de transformar la escuela en otra cosa. "Hacia un modelo pedagógico a armar" nos convoca la autora

Hay una gramática escolar a hacer valer contra la maquinaria en la cual ella puede caer fácilmente en nuestra época. Una gramática que apuesta por la potencia de las enseñanzas; la atención a los detalles, donde siempre habita lo esencial, una escuela que pueda abrir los colectivos con una flexibilidad en las grupalidades y en las tareas; una escuela en que la dimensión del deseo esté presente, no en esa versión reducida que le dio el neoliberalismo, como sinónimo de voluntad, sino en la complejidad que el psicoanálisis nos enseñó, espacio de falta que nos pone en movimiento.

Una escuela, también, que dé lugar al conflicto, dimensión trágica de la vida humana, dónde pasa lo esencial de los vínculos así como todo el aprendizaje; una escuela capaz de crear atmósferas propicias con potencia de invitación a la participación. Una escuela en la cual el maestro sepa "hacerse el distraído", lo suficiente para que algo de lo no previsto aparezca, sea de su lado, sea del lado del alumno. Una escuela en que el aprendizaje se haga "de modo consentido y con sentido".

Lejos de los protocolos cada vez más frecuentes en la escuela neoliberal en la cual el proyecto inclusivo encontró su espacio y su forma, una ética de la prudencia que se toma el tiempo con sus tres momentos —instante de ver, tiempo de comprender y momento de concluir— sin ceder al tiempo de la producción, el de lo *time is money*. Una escuela capaz de reencontrar el espíritu subrayado por Maud Mannoni: una escuela que no es un "lugar para vivir" no es una escuela.

Todo el trabajo hecho por la autora de interpelar éticamente la inclusión escolar, sin recaer en una moral reconfortante sigue al rasgo abierto por Freud ya en su libro sobre la interpretación de los sueños: *"Flectere si nequeo superos Acheronta movebo". Si no se puede mover los dioses del cielo conmoveré los de Acheronte.* Un trabajo que acepta ir al infierno de Acheronta sin confortarse en los ideales del cielo está en buena posición para conmover a aquellos que trabajan con la educación.

Rinaldo Voltolini

INTRODUCCIÓN

"*Qué suerte que llegaste, el alumno por el que venís está subido al tanque de agua*", me dijo la auxiliar en cuanto puse un pie adentro de la escuela. En ese entonces yo coordinaba un equipo denominado MAP[1] (Maestras de Apoyo Psicológico), que dependía de Educación Especial de la Ciudad de Buenos Aires. Había ido a esa escuela a conversar sobre un niño que tenía a todos en estado de alerta constante. Quienes esa mañana se reunían a la sombra del tanque de agua, cuando me vieron llegar suspiraron aliviados. Era evidente que esperaban que yo resolviera la situación, no sin razón porque estaba ahí en calidad de especialista. Mientras alguien iba a buscar una escalera y la directora me ponía al tanto de los detalles, yo me preguntaba qué de todo lo que sabía podía servirme para afrontar esta misión imposible.

Con los años, situaciones como esta se volvieron gajes del oficio. Para trabajar en inclusión se necesitaba tener estado físico porque siempre había que estar corriendo para desactivar alguna situación que había escalado a niveles de riesgo o de violencia. El campo de la inclusión se nos presentaba como un campo minado, donde las demandas eran inabarcables y los tiempos para encontrar soluciones estaban siempre signados por la urgencia. Como se podrán imaginar, eran condiciones hostiles al pensamiento, porque para pensar se necesita tiempo. Este libro es el precipitado de aquello que pude pensar sobre las escuelas, sobre las infancias y sobre la época, con el pro-

---

1. Esa experiencia tan rica la compartimos con Silvia Dubrovsky, quien era en ese momento la directora de Educación Especial de la Ciudad Autónoma de Buenos Aires.

pósito de transmitir parte de esa experiencia construida en el campo de la inclusión escolar del autismo.

Como verán, es un recorte muy preciso y aquello que me atrevo a compartir con ustedes solo tiene validez dentro de estas fronteras. No hablo de inclusión educativa sino de inclusión escolar, y no me dedico a la inclusión escolar en general, sino a la inclusión escolar del autismo. Esa es la especificidad que define mi campo. Pero no crean que fue una decisión mía. Con los años me fui especializando sin proponérmelo, empujada por la creciente demanda de las escuelas para sostener la escolarización de niños y niñas autistas (o bajo sospecha de autismo). Rápidamente comprendimos que nadie sabía bien qué hacer, y ese qué hacer iba desde cómo tratarlos, cómo incluirlos en las escenas áulicas, cómo enseñarles, hasta cómo pedirles que bajen del tanque. Casi en simultáneo, advertí también que el tratamiento del autismo bajo el rubro de las discapacidades —sobre las cuales hay mucho conocimiento adquirido— no sólo era incorrecto, sino potencialmente perjudicial para el trabajo escolar con estos estudiantes *en particular*. Esta es la razón por la que este libro intenta un recorrido tangencial al propuesto por la mayoría de los manuales de inclusión educativa.

Está escrito en primera persona y pretende tomar distancia del impersonal de la ciencia, de la frialdad de los datos estadísticos o de los supuestos resultados objetivos. Sin embargo, detrás de la inscripción narrativa del yo resuena una polifonía de voces, porque las ideas que reúne este libro nacieron escuchando a las y los niños, conversando con docentes, recorriendo escuelas de todo el país, intercambiando con colegas, leyendo otros libros; en fin, con otros y entre otros. En mi pensamiento, no soy la única que está pensando. Es así por estructura: una siempre es deudora, o mejor, heredera del pensamiento de otras y otros. Digo todo esto ya que opté por limitar al mínimo las citas textuales, no ya por ausencia de precedentes, sino para preservar la escritura de un formato demasiado académico.

En cuanto al recorrido general que propongo, son cuatro capítulos organizados en dos grandes partes. La primera aporta elementos para una lectura crítica de la inclusión escolar; mientras que la segunda sugiere estrategias para el campo específico del autismo. De la deconstrucción a la construcción, mi aspiración mayor es que se reconozca que hay otra inclusión escolar posible, bajo un modelo más respetuoso de las lógicas y mecanismos que sostienen el sistema educativo y sus instituciones. Espero que al final del recorrido estemos en condiciones de reconocer en qué medida la presencia de estos estudiantes conmueve las estructuras más rígidas del sistema escolar, para así entender que las resistencias no son de los docentes ni de los estudiantes, sino inercias del sistema mismo.

El **capítulo uno** cuenta la historia del *desembarco* del paradigma de la inclusión en el sistema educativo argentino, el modo en que, por así decir, lo avistamos por primera vez en las últimas décadas del siglo XX y comienzos del XXI. Veremos que, casi de la noche a la mañana, una maquinaria construida originariamente sobre la tensión inclusión-exclusión se vio compelida a asumir de manera generalizada el imperativo político de "inclusión plena". El principal argumento de este capítulo es que los efectos paradójicos o no deseados de esta inclusión "a como dé lugar" no se deben a la falta de pericia, de compromiso o de capacitaciones, sino que son el resultado de un mal acople o una síntesis fallida entre dos *máquinas heterogéneas* —la escolar y la inclusiva—, cuyos orígenes, mecanismos y racionalidades son diferentes.

El **capítulo dos** se centra en otra relación fallida, que a los fines de este libro es tanto o más importante que el desencuentro de las dos máquinas: la relación entre Salud y Educación en los ámbitos escolares. En este tema tan trabajado, mi interés se concentra en cómo se re-anudaron ambas, la función terapéutica de la salud y la función pedagógica de la educación, frente a las exigencias de la inclusión educativa. Si bien sabemos que ese maridaje entre Salud y Educación fue fundacional a la escuela moderna, entiendo que se produjeron reconfiguraciones al entrar en escena la inclusión. Paradójicamente, veremos que la perspectiva de la salud se extiende en el nuevo paradigma inclusivo, resultando en una producción en serie de nuevos diagnósticos en las infancias. A partir del **capítulo tres**, el libro se enfoca específicamente en la inclusión escolar de aquellos estudiantes nombrados por el significante "autismo". Este recorte tiene sentido si consideramos que ciertas prácticas que ya están aceptadas e instaladas en el campo de la inclusión en general no se ajustan necesariamente a estas subjetividades ni contemplan sus necesidades específicas. En este capítulo les propongo tomar distancia y desconfiar de los saberes médicos para animarnos a conocerlos sin recurrir a terceros. Es el momento en que saltamos de la pregunta por el diagnóstico (¿Qué tiene?) —el campo de los especialistas de la salud— a escuchar lo que los propios involucrados tienen para contarnos.

Finalmente, en el **capítulo cuatro** comparto los mejores elementos de mi caja de herramientas, decantados por una búsqueda prolongada de lo posible en medio de un generalizado "no sé qué más hacer". Se busca avanzar en la construcción de un modelo pedagógico para la inclusión escolar, que si bien está pensado especialmente para la población de estudiantes autistas, propone una orientación general. Este modelo se asienta sobre tres principios que funcionan como las grandes avenidas de las ciudades, ofreciendo ejes de coordenadas para no perderse en un mundo donde las apariencias engañan. Abogo por (i) la potencia de las enseñanzas, cuyas posibilidades son obturadas con el fantasma de la medicina; (ii) el deseo de inclusión, en que los protagonistas son los propios autistas; y (iii) la ética de la prudencia, en la que se trata de un tiempo que no sea la precipitación inoportuna o la demora infinita.

En conjunto, estos pilares que cierran el libro sostienen una idea: mi convicción de que es posible generar condiciones propicias para la inclusión de estudiantes autistas.

CAPÍTULO UNO

El desembarco de la inclusión
en las escuelas

E ste capítulo cuenta la historia del (des)encuentro entre el sistema educativo y el paradigma de la inclusión educativa, dos grandes *máquinas* que tienen orígenes, mecanismos y racionalidades diferentes y que hasta la fecha han sido muy difíciles de compatibilizar. Aunque podría hablar también de dos discursos o dispositivos, me decidí por el concepto de "máquinas" tal y como lo trabajan Deleuze y Guattari, para destacar que tanto la educación como la inclusión son conformaciones múltiples que producen efectos reales. A diferencia de los sistemas y las estructuras, gobernados por meras repeticiones y reglas inmutables, las máquinas son esencialmente complejas, heterogéneas y abiertas (en tensión con alteridades que también son máquinas). Refieren a una forma de "complejidad" donde convergen distintos elementos, procesos, niveles, etc., que van mucho más allá de lo puramente técnico porque incluyen el deseo, las representaciones sociales y las funciones orgánicas. Además —y esto es importante para el argumento de este libro— las máquinas son autopoiéticas, en el sentido de que tienen la capacidad de crear realidades que el individuo no controla (véase Guattari, 1996, p. 47 y ss.).[1]

Entonces, para comenzar a hablar, conviene reconocer que ese encuentro entre ambas máquinas se construyó de manera forzada, entre recelos mutuos, a base de prescripciones y a costa de resistencias. Hace años vengo insistiendo en la necesidad de salir de ciertas perspectivas axiológicas en las que todos estamos de acuerdo, pero que, aun así, hicieron de la inclusión un campo

---

1. También está la referencia ineludible al libro *La escuela como máquina de educar*, de Pablo Pineau, Inés Dussel y Marcelo Caruso.

de batalla. Es por esto que intentaré mantener mis desarrollos a distancia del "deber ser", de la apelación a las normativas, la legalidad instituida y las consideraciones morales de lo que está bien o mal, para proponer una lectura crítica de sus efectos que no eluda los dilemas éticos ni las paradojas.

Me animo a decir que el sistema educativo —en su dimensión de máquina y no de personas— no estaba convencido de abrirle las puertas a la inclusión sino que, más bien, entró por la ventana, sin la construcción de acuerdos previos ni la contemplación de los tiempos necesarios para alcanzar consensos. Entre finales del siglo XX y comienzos del XXI se produjo el desembarco del paradigma inclusivo en las escuelas: casi de la noche a la mañana, una aceitada maquinaria escolar construida originariamente sobre la tensión inclusión-exclusión, se vio compelida a asumir de manera generalizada el imperativo político-estatal de volverse inclusiva, teniendo que arreglárselas con la consigna de "inclusión plena".

Como se podrán imaginar, esto produjo y continúa produciendo efectos en los ámbitos escolares. Y es ahí, en el terreno de los efectos, que les propongo que analicemos las políticas y prácticas de inclusión en las escuelas: los efectos positivos, los negativos, los paradójicos, los esperados y los no buscados; porque sólo así estaremos en condiciones de problematizar y asumir la conflictividad inherente al campo de la inclusión. La clave está en comprender que los efectos paradójicos de la inclusión no se deben a la falta de pericia, el poco compromiso o la ausencia de capacitaciones, sino que son el resultado de un mal acople o una síntesis fallida entre dos máquinas heterogéneas: la escolar y la inclusiva. La mayor dificultad que enfrenta un análisis de este tenor es que muchos de estos efectos paradójicos ni siquiera se registran como tales, ya que suelen quedar disociados de las políticas y prácticas denominadas inclusivas que, sin embargo, los generan.

A décadas de la llegada de la inclusión al sistema educativo, es forzoso comenzar por la pregunta más incisiva: ¿podemos confirmar que este sistema se ha vuelto más inclusivo? Ustedes me dirán que depende de cómo definamos la inclusión. Y efectivamente aquí nos topamos con un primer nudo de interrogantes. La presencia de los cuerpos en las aulas, ¿es un índice de inclusión? El aumento del 1000% de docentes de educación especial en algunas provincias, ¿puede ser tomado como signo de un sistema más inclusivo? El servicio de apoyos para cada estudiante con discapacidad provisto por Salud, ¿cuenta como inclusión del sistema escolar? Anticipando en parte las conclusiones de este primer capítulo, considero que el desembarco de la inclusión en el sistema educativo, tal y como tuvo lugar, efectivamente volvió más inclusiva la máquina escolar, pero habilitó nuevas formas de segregación, tanto o más peligrosas en la medida exacta en que no son reconocidas como tales por quienes las ejercen. Mi experiencia en las escuelas me mostró un desplazamiento en los últimos años desde los mecanismos de segregación ya clásicos —reconocidos y ampliamente estudiados— a otros nuevos, que les propongo denominar *microsegregaciones*, una serie de prácticas que vuelven permeables y borrosas las fronteras entre la inclusión y la exclusión.

Durante el resto del capítulo procuraré desplegar este argumento en tres partes. En la primera, pintando blanco sobre negro, presento las dos máquinas —la escolar y la inclusiva— que no sólo no encajan, no hacen *click*, sino que chirrían y sacan chispas al intentar funcionar juntas. En la segunda voy a identificar tres efectos fundamentales que produjo el desembarco de la inclusión: la polarización, la precipitación y la despedagogización. Finalmente, en la tercera y última parte cerraré con algunas escenas representativas de las nuevas formas de segregación.

— PRIMERA PARTE —
Dos máquinas que no encajan

La máquina escolar

Lo que van a leer a continuación no pretende ser una historia del sistema educativo. Incluso decir que es una historia fragmentada es un eufemismo, porque en realidad son detalles sueltos dentro de una historia monumental que, afortunadamente, ya fue escrita por referentes en historia de la educación. En este capítulo me voy a detener únicamente en los elementos de esa historia que hacen a mi argumentación, para mostrar hasta qué punto nuestro sistema educativo se sostuvo desde siempre en una tensión entre inclusión y exclusión; tensión que las políticas de inclusión vinieron a conmover.

Tomemos ese hito inaugural de nuestro sistema educativo que es la Ley de Educación Nacional Nº 1.420, que en 1884 sancionó la enseñanza universal, obligatoria, laica y gratuita para todos los niños de seis a catorce años que vivan en suelo argentino. En lo inmediato, con esa sola enunciación simbólica, a todos los niños y las niñas en esa franja de edad que habitaban este país se les otorgó el estatuto de alumnos. "A partir de ahora, son alumnos".[2] He aquí una operación *performativa*, cuyos efectos transformaron la realidad

---

2. No puedo desarrollar aquí, pero tampoco quiero pasar por alto, la potencia de exclusión contenida en ese enunciado universal masculino de "alumno". Sobre este punto se pueden consultar los desarrollos de Rithee Cevasco (2010).

por su sola formulación. El estudio de este tipo de expresiones que, en sí mismas, constituyen una acción, se lo debemos a John L. Austin, quien en 1955 publicó el ya clásico libro *Cómo hacer cosas con palabras*. Al igual que el jurar, declarar o bautizar, al sancionar la enseñanza universal se está llevando a cabo una acción que no se limita a describir un hecho, sino que realiza el hecho al expresarlo. En nuestro caso, esa afirmación simbólica —que hizo de cada niño un alumno y de cada niña una alumna— fundó un pacto nacional que, cada vez y cada año, en cada aula y colegio a lo largo y ancho del territorio, es reeditado por cada docente que encarna con su deseo esa expresión realizativa: "sos mi alumno", "sos mi alumna".

Pero sin duda esa fuerza performativa no alcanza. Como bien lo expuso el filósofo estadounidense, esas ocasiones en las que *decir algo es hacer algo*, requieren de ciertas "circunstancias apropiadas" para ser efectivas. Por eso, en el mismo acto en que se declaró la universalidad de la educación, se proveyeron también los medios para garantizar su cumplimiento. La palabra instituyente de una universalidad formal fue seguida de un abanico de prácticas y saberes que Michel Foucault llamó *poder disciplinario*, ejercido en las escuelas bajo la vigilancia del director y la supervisión del señor inspector con el propósito de producir cuerpos útiles y dóciles. La puesta en funcionamiento de la maquinaria escolar —con sus jerarquías y distribución de saberes, con la figura de la maestra como ideal a seguir, con los lazos afectivos y pedagógicos de los docentes, pero también con sus engranajes de domesticación de los cuerpos y normalización de las subjetividades (la uniformización de hábitos y costumbres, la imposición de una autoridad moral, las prácticas de recompensas y castigos, etc.)—, permitió finalmente alcanzar ese universo de alumnos que poblaban las aulas, tan inestable y desequilibrado en los hechos como certero en su enunciación. "*Usted sabe lo que tiene que hacer*" era la advertencia de la señorita Juanita dirigida a un alumno en particular, pero que operaba como recordatorio para todos. La escuela nos ofrecía una vacante y nosotros sabíamos que era necesario cumplir ciertas normas si queríamos seguir asistiendo.

"Lo mismo, a todos, al mismo tiempo" fue el principio organizador de la enseñanza escolar. Esta es la máxima de una época en que los tests de inteligencia y las técnicas psicométricas llevaron a naturalizar la idea de que todos aprenden lo mismo, del mismo modo y en los mismos tiempos. En los orígenes del sistema educativo

... "lo común" estuvo asociado al presunto carácter "universal" de la escuela y a su tendencia homogeneizadora, a partir de la cual se asumía su carácter inclusivo y se afirmaba la equivalencia entre aquélla y la idea de igualdad. (Vassiliades, 2016, p. 122)

Síntoma visible de esa ficción igualadora es el guardapolvo blanco que continuamos usando, introducido por docentes pioneras a comienzos del siglo pasado con el noble propósito de impedir que la ropa revele la condición social de cada estudiante y así evitar las diferencias dentro del aula. Como otros tantos engranajes de la máquina escolar, produjo perdurables efectos de inclusión, pero a costa de rechazar la diversidad cultural y enmascarar la desigualdad económica. La conformación de ese conjunto de palomitas blancas, ahora alumnos todos del Estado Nación, se acompañó de los máximos esfuerzos por esconder las diferencias. En definitiva, es la pretensión misma de fundar un *para todos* lo que está a la base de los mecanismos de exclusión y segregación en las escuelas, porque lamentablemente sólo resultó posible colocar a estos niños y niñas bajo un cierto paraguas de igualdad a costa del tremendo esfuerzo de esconder las desigualdades.

Recordemos que para producir en las aulas ese *para todos*, la escuela contó con la promesa de movilidad y ascenso social y cultural acompañada de la eficacia para cumplirla, para todos aquellos que lograran aceptar las reglas del juego. Y también contó desde siempre, al menos, con dos mecanismos: la expulsión y la segregación. La expulsión —como amenaza y como castigo— fue condición para el sostenimiento de esa maquinaria de escolarización que preservaba los "adaptados o normales" y aislaba los "inadaptados o anormales". Estos últimos se iban desgranando en el camino y simplemente se les perdía el rastro. Sin embargo, más inquietante resulta la segregación, un mecanismo complejo que también traza una gruesa línea divisoria entre quienes pertenecen al universal del alumno y quienes no, pero en este caso a estos otros no se les pierde el rastro. No son expulsados y olvidados por el sistema educativo sino que, conservando su calidad de "otros", pasaron a ser examinados, clasificados y evaluados para, según sea el caso, asistirlos, rehabilitarlos o reeducarlos.

Retomando el hilo del universal, como su contracara, un año después de sancionada la Ley de Educación Nacional se creó en nuestro país el primer establecimiento de educación especial, el Instituto Nacional para Sordomudos, al que le siguieron otros especializados en cada discapacidad. Durante un siglo las escuelas especiales fueron concebidas como los ámbitos propicios y adecuados para tantos infantes que no formaban parte del *para todos* de la escuela común. Funcionó como un subsistema o sistema paralelo al sistema educativo general, con un currículum propio y organización diferentes. Es interesante observar cómo el rasgo homogeneizador de la escuela se replicó al interior de la educación especial: cada escuela especial con su discapacidad y cada discapacidad con su escuela especial.

A grandes rasgos, esta situación se extendió hasta los años sesenta, cuando en los albores de la llamada posmodernidad comenzó a instalarse un nuevo discurso vinculado a la inclusión de las minorías, la llamada *integración escolar*. La actualmente denostada integración escolar fue un primer contacto que se estableció entre la educación común y la educación especial. Impulsado por esta última, tenía el objetivo de que algunos niños y jóvenes con discapacidad pudieran transitar parte de su escolaridad en escuelas comunes. Fue por esa época cuando comenzaron a realizarse las primeras integraciones escolares de niños con discapacidad visual, auditiva o motora, con sus más y sus menos, según las jurisdicciones, las políticas regionales y las culturas institucionales. Las escuelas especiales se esforzaron durante muchos años para conseguir vacantes y lograr la integración de sus estudiantes en escuelas comunes, proceso lento y evolutivo. Fue el propio sistema educativo el que en un primer momento recogió el guante, propiciando procesos y experiencias de integración escolar.

Se alzó un limite infranqueable a los procesos de integración, ya que pareciera lógicamente imposible lograr la inclusión de cada "integrado" sin repensar las características del colectivo del que ya previamente fuera segregado y sin modificar las condiciones materiales y simbólicas del sistema. Quizás por ello no tardaron en oírse voces cada vez más críticas de la educación especial, depositando en este subsistema esa imposibilidad lógica del sistema —percibida como impotencia— de integrar a niños previamente segregados para reconocerlos en su condición de estudiantes. En 2006, ese circuito paralelo dentro de la educación especial pasó a concebirse como una modalidad transversal, en articulación con los distintos niveles y modalidades del sistema educativo. La época de las integraciones escolares tenía sus días contados e iba a ser reemplazada por un nuevo paradigma, cuyos orígenes tendremos que buscar por fuera del sistema educativo.

La máquina inclusiva

Alrededor de los años noventa se consolida a nivel global un nuevo campo discursivo: el de la inclusión. El término "inclusión" se instala definitivamente en la agenda pública, en el discurso de los políticos, en las campañas de marketing y, por supuesto, también se instala en el sistema educativo. Los organismos internacionales le otorgan a la inclusión educativa un lugar preponderante en sus documentos y, de la mano de los fondos que comienzan a distribuirse para dedicarse a la temática, se crean cátedras y proyectos de investigación en universidades de todo el mundo; aparece la figura de los expertos en el tema, se publican libros; se crean departamentos y oficinas estatales y no gubernamentales. En el ámbito educativo, aparecieron expertos y especialistas en inclusión que anunciaban un nuevo paradigma superador de la educación especial y las integraciones escolares, una vuelta de página que iba a dejar atrás todo lo que se venía haciendo desde las escuelas. Pero este nuevo paradigma —que, como veremos, es deudor de los movimientos de ampliación de derechos y consecuencia directa de un cambio en la manera de entender la discapacidad— no se creó de la nada, ni tampoco se forjó de un día para el otro.

Se suele tomar como hito fundacional de la inclusión educativa un informe elaborado para el parlamento inglés en 1974, conocido como el Informe Warnock. Allí se estableció que la educación es un bien al que todos tienen derecho y que, en lo sucesivo, ningún niño será considerado ineducable. En distintos compromisos asumidos desde la Conferencia de Jomtien de 1990, los organismos internacionales impulsaron fuertemente la educación inclusiva, entendida como la incorporación a la escuela común de colectivos históricamente excluidos (los niños que trabajan, los pertenecientes a grupos indígenas, los nómades, los afectados por el HIV y otras minorías están entre los que corren más riesgo de ser excluidos de la educación, según la UNESCO). Entre ellos, pero no únicamente, se cuentan las personas con discapacidad. Es interesante advertir cómo esta misma agenda se instaló de distintas maneras alrededor del mundo, en algunos casos más ligada a cuestiones de género o diversidades sexuales, mientras que en otras al racismo o a otras problemáticas sociales. De modo particular, en Argentina, la educación inclusiva quedó en mayor medida asociada al acceso a la escuela común (o escuela de nivel) de estudiantes con discapacidad.

Dos instancias fundamentales contribuyeron a fijar esta asociación dentro del sistema educativo. En primer lugar, la Conferencia Mundial sobre Necesidades Educativas Especiales, realizada en 1994 en Salamanca con representantes de 92 gobiernos y 25 organizaciones internacionales. Allí se acordó hacer de la inclusión un principio de política educativa a nivel internacional y se aprobó un marco de acción que exhortaba a las escuelas a acoger a todos los niños, independientemente de sus características físicas, intelectuales, sociales, emocionales, lingüísticas o de otro tipo, reafirmando que "las personas con necesidades educativas especiales deben tener acceso a las escuelas ordinarias" (artículo 2 de la Declaración de Salamanca).

Estos principios definidos en Salamanca sentaron las bases para lo que hoy entendemos como inclusión en ámbitos educativos.

Dicho esto, es posible que el hito más importante en la conformación del campo sea la Convención Internacional sobre los Derechos de las Personas con Discapacidad, aprobada en el año 2006 por la Asamblea General de la ONU en Nueva York. Esta convención resultó fundamental porque cambia el estatuto mismo de la discapacidad, que en adelante pretende desprenderse de la égida del discurso médico para abrazar un nuevo modelo social. La discapacidad, según estipula el Preámbulo, deja de ser entendida como un atributo individual para pasar a ser "un concepto que evoluciona y que resulta de la interacción entre las personas con deficiencias y las barreras debidas a la actitud y al entorno que evitan su participación plena y efectiva en la sociedad"; en definitiva, se trata de un constructo relacional que resulta de la relación entre las personas y de las personas con sus medios. O, como se lee en la Presentación General de la 48ª reunión de la Conferencia Interna-cional de Educación de la UNESCO —realizada en el 2008 en Ginebra—, la educación es una "estrategia dinámica para responder en forma proactiva a la diversidad de los estudiantes y concebir las diferencias individuales no como problema sino como oportunidades para enriquecer el aprendizaje". Se propone un nuevo paradigma inclusivo donde no son los sujetos sino las escuelas y el sistema educativo los que deben corregirse y/o adaptarse para derribar las barreras que impiden los aprendizajes. Este tipo de afirmacio-nes, a las que todos suscribimos, no se traducen tan fácilmente en cambios institucionales. Por eso no nos apresuremos a celebrar aún.

En el próximo apartado indagaremos los efectos que produjo el desembarco del paradigma inclusivo en las escuelas, pero antes me interesa insistir en un último punto vinculado a los organismos internacionales. Les propongo que nos preguntemos cómo consideran estos el lugar de las escuelas en la educación inclusiva. Sin lugar a dudas, la educación es una pieza clave en su estrategia global para el desarrollo sustentable, pero aunque la conside-ren fundamental, no le conceden importancia por sí misma sino siempre *como medio y motor del desarrollo*. La Declaración de Incheon (2015), por ejemplo, defiende que la educación inclusiva es el medio más eficaz de lograr todos los objetivos generales de desarrollo (O.G.D.) de la ONU, entre los que se encuentra la igualdad entre hombres y mujeres, mejorar la salud de las personas y lograr la paz en el mundo. Así lo formula Koichiro Matsuura, director general de la UNESCO en 2008, en su prefacio a la revista *Perspectivas de Educación Inclusiva*: "La educación es un derecho humano fundamental que resulta vital para alcanzar el amplio espectro de objetivos de desarrollo incluidos en los Objetivos de Desarrollo del Milenio

(ODM)". Seguramente lo sea, pero de modo prioritario la escuela educa, por no decir, enseña. Me pregunto si no será pedirle demasiado a la escuela. Un problema con esta maquinaria inclusiva, tal como la venimos planteando, es que no parte del reconocimiento del valor intrínseco de la educación, que lamentablemente tiende a quedar invisibilizado en la agenda "educativa" de los organismos internacionales.

— SEGUNDA PARTE —
El desembarco

Tal como venimos insistiendo, el discurso inclusivo no se gestó dentro del sistema educativo sino que en cierto modo lo tomó por asalto. El desembarco del nuevo paradigma inclusivo se plasmó en una serie de leyes nacionales en los años 2000, como la nueva Ley de Educación (2006) y la Ley N° 26.378 (2008), que ratificó la Convención Internacional sobre los Derechos de las Personas con Discapacidad. Desde ese momento se precipitaron una serie de vertiginosos cambios en el sistema educativo argentino que, como pudo, se ha ido acomodando. Como resultado de estos y otros cambios en la legislación, los docentes comenzaron a recibir en sus aulas a niños y adolescentes que en años anteriores no habían transcurrido su escolaridad en escuelas comunes, sino, en muchos casos, en escuelas especiales. Somos muchos los que acordamos con esta perspectiva, tanto en su dimensión axiológica como ideológica, ¿no es cierto? Por supuesto que sí, y les pido disculpas si cada tanto me veo en la necesidad de volver a hacer esta aclaración, para que no se confunda mi posicionamiento político-ideológico con la preocupación ética por sus efectos. Es precisamente en defensa de una escuela inclusiva que sostengo una lectura crítica de los efectos del desembarco del paradigma inclusivo tal como tuvo lugar en el sistema educativo.

Los escenarios escolares se fueron transformando sin dar tiempo para que las instituciones y sus docentes vayan "digiriendo" la inclusión como propia de la función docente. *"Decime cómo hago, o me dedico a enseñar o me dedico a incluir"*, planteó angustiada una docente en un espacio de capacitación. La inclusión entró a las escuelas, en muchos casos, a la fuerza, a como diera lugar y esto suscitó reacciones y resistencias. Sin lugar a duda, el mayor problema que atraviesa el campo de la inclusión escolar —tal como se ha consolidado en las últimas décadas— es que muchos docentes continúan considerando todo lo referido a los proyectos de inclusión como si se tratara de un añadido, como un cuerpo extraño enquistado en el corazón de su formación. Al modo de un sistema inmunológico, las escuelas reaccionaron fortaleciendo los mecanismos de defensa y las prácticas resistenciales que tenían a su disposición. Para empeorar las cosas, mientras muchos docentes se resistían desde abajo; desde arriba, de la mano de las políticas de inclusión, se diseñaron programas, se designaron profesionales, se crearon equipos que desembarcaron en las escuelas con tal tinte aplicacionista que reforzaron la confrontación histórica entre "los de adentro" y "los de afuera" de las escuelas. Todavía me resuena hoy esa frase planteada en diferentes tonos: *"Todo muy lindo, pero ¿por qué no venís vos adentro del aula y probás?*

Una perspectiva crítica de este mal acople se nos impone, sobre todo cuando fueron los niños, sus familias y las docentes quienes pusieron el cuerpo, de manera literal y metafórica, para sostener una inclusión educativa o una educación inclusiva en instituciones escolares que no fueron repensadas para asumir los cambios necesarios, con escasos impactos genuinos sobre las prácticas pedagógicas y sin los consentimientos y acuerdos previos. Pero no vayan a creer que soy la primera en expresar preocupación por los efectos de este desembarco.

Como vimos, los organismos internacionales fueron los principales impulsores del paradigma inclusivo en educación, y no es menor para mi argumento que en los últimos años se hayan visto obligados a revisar sus lineamientos originales a la luz de sus efectos. Por ejemplo, en 2016, la preocupación por algunos de los efectos del artículo 24 de la Convención Internacional sobre los Derechos de las Personas con Discapacidad (que dispone que los Estados deben asegurar un sistema de educación inclusivo en todos los niveles y garantizar que las personas con discapacidad tengan acceso general a la educación superior y a la formación profesional), condujo al Comité a formular la Observación General N° 4 sobre el citado artículo. Después de un proceso de dos años en el que participaron distintos países, organizaciones no gubernamentales, organizaciones de personas con discapacidad, académicos, etc., el comité concluyó que:

> La inclusión de los alumnos con discapacidad en las clases convencionales sin los consiguientes cambios estructurales, por ejemplo, en la organización, los planes de estudios y las estrategias de enseñanza y aprendizaje, no constituye inclusión.

A su vez, en el informe del año 2020, el Instituto Internacional de Planeamiento de la Educación de la UNESCO reconoció que:

> Sin embargo, un cambio apresurado puede ser insostenible y puede perjudicar a aquellos a los que se supone que debe favorecer. Incluir a niños con discapacidad en escuelas ordinarias que no están preparadas, apoyadas o responsabilizadas para lograr la inclusión puede intensificar

las experiencias de exclusión y provocar una reacción violenta contra la intención de que las escuelas y los sistemas sean más inclusivos.

Continúa este informe, "en algunos contextos, la inclusión puede intensificar sin querer la presión para ceñirse a la norma" y "en lugar de propiciar un compromiso social positivo, en algunas circunstancias las políticas de inclusión pueden exacerbar la exclusión social". Hace años que espero una oportunidad para usar la expresión: *a confesión de partes, relevo de pruebas*. Creo que este es el momento oportuno, porque son los propios organismos internacionales los que expresan preocupación por algunos de los efectos de sus propias políticas de inclusión plena.

Pues bien, en lo que sigue mi intención es ir más allá de esta autocrítica de los organismos internacionales —estrictamente confinada a los límites internos del paradigma inclusivo— para revisar los efectos que efectivamente produjo la máquina inclusiva en su (des)encuentro con la escolar. Esto es, no me interesa repetir simplemente la conclusión de estos informes, que en todos los casos es siempre la misma: que "faltan recursos humanos y financieros para impartir eficazmente una educación inclusiva". Es coincidente con la queja generalizada entre directivos y docentes sobre la falta de recursos de todo tipo. Es una queja honesta pero engañosa porque nada nos garantiza que con más recursos las cosas marcharán sobre ruedas. Muy por el contrario, el pedido de mayores recursos profesionales suele transformarse en una nueva fuente de malestar. El principal problema con esta autocrítica de los organismos internacionales es que se limita a contemplar los efectos no deseados del desembarco únicamente en términos de carencia (lo que falta, lo que no se hizo, lo que no se pudo, etc.), de modo tal que el problema y la solución recaen siempre en la misma cuestión: los benditos recursos. Pero esta mirada interna permanece ciega a los efectos que produce *lo que sí hay en la escuela*: las consecuencias paradójicas que resultaron de las leyes, normativas, prácticas y políticas escolares denominadas inclusivas.

En ese espíritu, a continuación quisiera ubicar los tres efectos, a mi juicio, más preocupantes acerca del modo en que desembarcó esta maquinaria inclusiva en las escuelas.

La polarización

En cada encuentro con docentes, en cada oportunidad que me reúno para conversar sobre los cambios que la inclusión introdujo en las instituciones escolares, aparece cierta ambivalencia generalizada. Por un lado, se escuchan las voces que valoran positivamente los cambios: *"estamos mejor"*, *"las escuelas son más inclusivas"*, *"es mucho lo que hemos aprendido en estos años*". Y por el otro, están las voces que reflejan la impotencia para responder a la demanda de inclusión, malestares que suelen desplegarse en los vínculos personales y vivenciarse como si las fuentes de ese malestar fueran las personas mismas: "*no puedo dictar clase con cuatro acompañantes en el aula*", "*la docente no tiene tiempo para hablar conmigo*", "*la docente de especial viene cada quince días y ahora dice que no le corresponde hacer las adecuaciones*", "*nos reunimos, tomamos una decisión y después la familia no la acepta*" y así sucesivamente. Este es el primer efecto preocupante del desembarco del discurso inclusivo, a saber: que transformó a las escuelas en un campo de batalla que dejó de un lado a los buenos, los inclusivos, los que detentan las banderas de los derechos y los ideales de la inclusión y, del otro, los que resisten, no colaboran, se quejan, ponen peros; en definitiva, los malos. Los primeros terminan agotados e indignados, los otros frustrados e igualmente indignados. Con cada proyecto de inclusión se instala un juego de resistencias y reacciones entre dos bandos que lleva precipitadamente a la toma de partido.

Pensemos que las primeras manifestaciones del nuevo paradigma inclusivo llegaron a las escuelas de la mano de reclamos individuales, envueltos en arremetidas legales, presentaciones de recursos de amparos y medidas cautelares, lo que le imprimió a la inclusión escolar su tonalidad reivindicativa. "*¿De qué lado estás?*", me enrostró una docente en un momento de impotencia, pregunta que da buena cuenta de ese campo de fuerzas en puja que finalmente deriva en la confrontación masiva de todos contra todos. Esta maquinaria nos tiene a todos redoblando esfuerzos, ya que bajo esta lógica confrontativa no hay acciones que alcancen y no hay sujetos que resistan. "*A como dé lugar se quedará en esta escuela*", "*no me voy a dar por vencida*", "*voy a ir hasta las últimas consecuencias*", "*no voy a permitir que se salgan con la suya*", son sólo algunas de esas frases que se escuchan en los cotidianos escolares inclusivos, que lo mismo pueden ser dichas por docentes, padres, madres o terapeutas. Cualquiera puede encontrarse repitiendo estas frases o quedando en cualquier momento atrapado en una escalada de conflictos y tironeos sin tope.

En todos los casos, la orientación que propongo es pensar: ¿cómo se instala en este forcejeo de fuerzas un punto de basta? ¿Qué opera como un límite para que en el camino no se pierdan de vista esos niños y jóvenes, con sus posibilidades, sus necesidades y sus sufrimientos? El mayor desafío, aún pendiente, consiste en encontrar alguna fórmula que haga viable lo que declamamos como derechos universales sin que pongan a los miembros de la comunidad educativa en un contexto de antagonismos y pujas permanentes.

LAURA KIEL

La precipitación

El segundo efecto preocupante fue la precipitación en un hacer con escasa contemplación por las condiciones de posibilidad. Se respondió a las demandas de inclusión con una tendencia aplicacionista irreflexiva. En efecto, cuando de inclusión se trata, se privilegia la acción inmediata en verbos tales como *prevenir, detectar, evaluar, diagnosticar, estimular, corregir, derivar, tratar, medicar* y *reforzar*, expresiones que responden a una misma pasión por hacer. Y es que, a falta de nociones claras, se impone la acción por la acción misma.

Las escuelas tienen mucha historia de intentar dar respuestas a los múltiples encargos, están acostumbradas desde siempre a responder: "*Yo me ocupo*".[3] En las reuniones multidisciplinarias y multitudinarias respecto de un proyecto de inclusión, que resultan obligatorias para evaluar los resultados de las medidas tomadas y para considerar las próximas acciones a seguir, la pregunta del millón es siempre la misma: "*¿Qué se hizo hasta acá?*", "*¿Qué acciones se tomaron?*". A su vez, los docentes responden: "*Decime qué hacer*", "*no sabemos qué más hacer*", "*ya probamos todo*", "*ya hicimos todo*", "*lo intentamos y no resultó*". La sensación de que no hay tiempo que perder hace que se imponga la toma de medidas efectistas. La convicción de que a cada acción adecuada le *tienen* que sobrevenir determinados resultados —como si la vida fuera un gran laboratorio y los niños respondieran mecánicamente a los estímulos—, es parte de esta precipitación general por intervenir según guías o protocolos confeccionados para tal fin.

Esperar, dar tiempo y tomarse el tiempo para entablar lazos de confianza, podrían ser respuestas propiciatorias de un vínculo educativo, aunque contraculturales a una época de soluciones rápidas y efectos garantizados. Frente a este panorama, algunas de las preguntas que les propongo que nos hagamos son: ¿Cuáles son los efectos, sobre los adultos y sobre los niños, de este hacer compulsivo? ¿Qué pasaría si un día decidimos no hacer nada, que —como bien dice la filósofa Daniela Danelinck (2024)— es la cosa más difícil del mundo? ¿Y si recuperamos otras lógicas del hacer, más silenciosas y menos rotundas pero sostenidas en el tiempo?

---

3. En referencia al título de un capítulo de Pablo Pineau, "¿Por qué triunfó la escuela? o la modernidad dijo: 'Esto es educación' y la escuela respondió: 'Yo me ocupo'", en *La escuela como máquina de educar* (2016).

La despedagogización

El tercer efecto, íntimamente ligado con el punto anterior, es que el saber pedagógico fue desplazado del centro de escena escolar para dar lugar a una falsa interdisciplinariedad que respondió a la lógica del "todo suma". Me refiero a esto como una *pseudo*-interdisciplinariedad, porque ya no se trata de saberes de otros campos disciplinares que entran en diálogo con los saberes docentes, sino que se apeló a soluciones propias de otras racionalidades y de otros ámbitos profesionales —en especial la terapéutica— que terminaron por colonizar la educación. Estas "soluciones" que ingresaron al universo escolar en las últimas décadas a través de políticas públicas, capacitaciones docentes, intervenciones de profesionales y divulgación mediática, se instalaron como modas y se consumieron como mercancías. Desde la neuroeducación al *coaching*, pasando por la educación emocional, las aulas se encontraron de golpe con las caritas felices, las sesiones de respiración, la meditación y los mandalas para pintar. Esta concepción se basa en una idea errónea sobre los estudiantes bajo proyecto de inclusión, y es que se da por supuesto que el saber sobre ellos no está en manos de los docentes, sino de los *expertos y especialistas*.

Lo que especialmente me interesa señalar acá es que en esa búsqueda de soluciones la escuela se fue "comprando" nuevos problemas, porque esa pseudo-interdisciplinaridad —que no es más que el revés superficial de una colonización soterrada— contribuyó a debilitar la confianza en las propias estrategias y recursos docentes, como puede ser una clase de música, de arte, de historia, un proyecto colectivo o cualquier otra propuesta de enseñanza. Como efecto de ello, se desestimaron los aprendizajes como elemento privilegiado para que un niño o una niña acceda a formar parte del colectivo escolar. *"Lo importante es que tenga amigos"* da cuenta de esa convicción tan instalada. A tal punto es así que se suele priorizar lo social por sobre lo curricular, bajo la premisa de que es en ese ámbito, el del contacto social, donde la escuela tiene su mayor aporte a los estudiantes autistas o con discapacidad. Esta perspectiva de la inclusión social es la que goza de mayor receptividad en los ámbitos escolares (ver, por ejemplo, Macías Barbé, 2023). De allí que la inclusión quedó bajo la égida de los equipos de orientación, de los gabinetes, de las y los docentes de especial, pero no se instaló como tema de las y los especialistas en las didácticas, ni siquiera como desafío pedagógico para las y los docentes. Me encuentro en las antípodas de este planteo, casi tentada de referirme a la inclusión escolar simplemente como *pedagógica*. Sobre este punto he de ser taxativa: no puede haber inclusión en una institución dedicada a la transmisión de saberes sin un lazo de los estudiantes con las escenas de enseñanza compartidas.

***

No quisiera cerrar este apartado crítico sin mencionar una última dimensión que recorre a todos los efectos de manera transversal. Sin ser en un sentido estricto un efecto de la inclusión (razón por la cual no quedó incluido con el resto), no es un dato menor que el origen y expansión del paradigma inclusivo coincidieron con los últimos cuarenta años de hegemonía neoliberal en occidente, lo que le imprimió al campo sus formas muchas veces individualistas y mercantilizadas. Hace años, un niño que tenía una acompañante externa provista por su sistema de salud, ofendido porque "su ayudante" asistía a otro compañerito, lo increpó diciendo que él también se consiguiera una. En otra oportunidad, una madre cerró la conversación con el siguiente comentario: "*Me dijeron que si me consigo un certificado de discapacidad no pueden negarle la vacante*". Escenas como éstas se repiten casi a diario, dejando en evidencia que, despojada de su referencia a movimientos de lucha colectivos, la ampliación de derechos se confunde con la defensa de los propios intereses individuales. Lamentablemente, más allá de las promesas de cambios de paradigmas (de la integración a la inclusión, del modelo médico al modelo social, etc.), pareciera que la máquina inclusiva amplificó algunos rasgos del neoliberalismo en las escuelas, contribuyendo a consolidar una perspectiva individualista que adoptó la forma del uno por uno y vacante por vacante.

— TERCERA PARTE —
Escenas de la vida escolar

Como vimos antes, los mismos artífices del paradigma inclusivo reconocieron su preocupación por la emergencia de nuevas técnicas de exclusión o de segregación que se fueron desplegando en los ámbitos escolares, en gran medida como respuestas a los imperativos de inclusión. A medida que las puertas de las escuelas se fueron abriendo a la inclusión, también fueron mutando los mecanismos que mantienen esa maquinaria escolar en funcionamiento. De nuestra parte, venimos insistiendo en que nos enfrentamos a la paradoja de una máquina que, bajo la bandera de la inclusión, convirtió a las escuelas en un escenario propicio para unas *nuevas e imprevisibles prácticas de segregación*. Por supuesto, esas prácticas pueden ser abiertamente violentas, tales como hablar de un estudiante como si no estuviera presente, —porque se considera que "está en su mundo" y no escucha—, o borrar el pizarrón mientras está copiando —porque solo es "copista" y no se puede detener el ritmo de la clase—, entre otros gestos cotidianos. Pero aquí nos interesan los comportamientos invisibles, sutiles, los que no se presentan a la luz del día como segregación sino bajo el barniz de la inclusión. Que son imperceptibles no sólo para quienes la sufren en carne propia, sino también y especialmente para los agentes que las actúan o las generan como reacción a sus propias intervenciones. Por ejemplo, dejarlo hacer lo que quiera para que no se enoje mientras el resto trabaja o eximirlo de participar en las clases de idioma para no exigirlo o acordar que ingrese más tarde para evitarle el bullicio de la entrada, sin contemplar que entonces cada vez que ingrese al aula será con el día ya empezado.

Este esfuerzo por discriminar los mecanismos de segregación ya reconocidos en el sistema escolar de estas otras modalidades no reconocidas, a veces invisibles y otras no tanto, me llevó a la necesidad de bautizarlas con un nuevo nombre: *microsegregaciones internas*. Dos razones me inclinaron por esta etiqueta. En primer lugar, me di cuenta de que, este mismo recorrido, se venía haciendo con otras formas de discriminación, como el machismo. Cito a Luis Bonino a propósito de esos "pequeños comportamientos cotidianos":

> Desde 1990, yo los he denominado "micromachismos". Y así lo hice, porque si definimos al machismo como la ideología y las prácticas de la superioridad masculina, estamos hablando de él pero en sus formas "micro" —asociado al término micropoderes del sociólogo francés Foucault—, por lo casi imperceptibles, especialmente invisibles y ocultos para las mujeres que los padecen y que boicotean su creciente autonomía en el mundo actual. (Bonino, 1995, p. 94)

En un trance similar, decidí llamar *microsegregaciones* a los efectos paradójicos de la máquina inclusiva.

En segundo lugar, me interesa dejar planteado que estas nuevas modalidades de segregaciones —así como los imperativos de inclusión plena— no pueden ser pensadas desde las perspectivas espaciales del adentro y afuera. Esas lógicas contaban con fronteras y límites definidos y cumplieron un papel esencial en la formación de espacios destinados para las escuelas de los niveles, espacios destinados para las escuelas de educación especial y espacios fuera del sistema educativo. Pero esos muros se derrumbaron desde el momento exacto en que se puede incluir segregando y segregar incluyendo, en que se puede estar adentro sin estar incluido, y todo *en el mismo espacio*. De hecho, la complejidad actual llevó a algunos autores, entre ellos Robert Castel, a hablar de segregaciones inclusivas para romper con el par dicotómico de inclusión-segregación. Por razones similares, he creído mejor pensarlas como microsegregaciones *internas*, aun cuando parezca un oxímoron presentarlo en estos términos.

Me propongo ilustrar este desplazamiento de los mecanismos clásicos de segregación a las microsegregaciones con algunas pinceladas de la realidad cotidiana en las escuelas. Se trata de mecanismos para los que no tenemos herramientas de lectura ya dispuestas y que por ello no admiten una rápida generalización, todo lo cual dificulta aún más su reconocimiento.

"Esta escuela no es para este chico"

Hace unos años me topé por primera vez con una inversión de sujeto y predicado que me llamó la atención. Un director, en lugar de apelar a la tan remanida frase de *"este chico no es para esta escuela"*, saldó la discusión respecto de la vacante de un estudiante diciendo: *"esta escuela no es para este chico"*. Ustedes dirán que es un detalle sin importancia, pero es precisamente en los detalles donde proliferan las microsegregaciones. Es bajo el manto de la irrelevancia que ciertas actitudes trafican las nuevas formas de segregación. Esa inversión retórica vino acompañada de la necesidad de recurrir a nuevos argumentos. *"Esta escuela es muy grande"*, *"tiene escaleras"*, *"no tenemos equipo de orientación en esta sede"*, *"tiene doble turno"*, *"aulas chicas"*, *"cursos numerosos"*, *"grupo muy difícil"*, *"nivel de idioma muy exigente"*, *"ya hay un niño integrado en ese curso"*, y así podría seguir con el listado de razones.

"Todos muy amables, muy preocupados por darme la vacante, pero al final me decían que no", me dijo la madre de un niño autista al relatar su peregrinar en busca de una escuela. *"Me encontré con todos los motivos para decirme que no, hasta llegaron a decirme que no me daban la vacante pensando en mi hijo, que no se iba a sentir cómodo en esa escuela"*. En una escena recubierta de amabilidad y con un discurso políticamente correcto, resulta más difícil reconocer la segregación en juego. *"En lugar de salir enojada, salía llorando"* fue el resumen de otra madre refiriéndose a los efectos que tenían estas entrevistas sobre ella.

"Les gustaba hacer de lobo"

En una jornada sobre inclusión a la que me invitaron hace unos años, me llamó la atención cierta coincidencia. En dos de las ponencias presentadas por profesionales que trabajaban como acompañantes escolares se hacía referencia al mismo juego infantil. En los recreos, estos niños bajo proyecto de inclusión jugaban al lobo en el bosque y *"les gustaba hacer de lobo"*. Esa imagen de estos niños-lobo y el resto de sus compañeros cantando a su alrededor *"juguemos en el bosque mientras el lobo no está, ¿lobo está?"*, ofreciéndose a ocupar el lugar de aquel al que los demás le tienen miedo, me vuelve cada tanto. Solemos escuchar a las docentes preocupadas porque los demás compañeros "le tienen miedo" a ese niño o esa niña que puede actuar de manera imprevista y hasta violenta. Sin embargo, pocas veces nos ponemos a pensar en ese niño o esa niña que percibe el miedo y el rechazo de sus compañeros, también de algunos de sus docentes.

Gracias a Bruno Bettelheim (1977) sabemos hace mucho que los juegos y cuentos de terror tienen una función importantísima en la infancia. Según estos desarrollos ya clásicos, el cuento permite que los niños se enfrenten al terror bajo la forma de ficción, le ofrece una escena y un argumento para la elaboración de los miedos. *"Me estoy poniendo las medias"*, *"me estoy poniendo los zapatos"*, se va acercando el momento en que finalmente salga el lobo, pero mientras tanto, se goza de esa mezcla de ansiedad y temor que desencadena la persecución. Pero me quedó la duda si para esos niños era efectivamente una ficción, si representaban el papel o si encarnaban al lobo en lo real. *"Aceptaba su lugar y se quedaba"*, me confirmó una madre. No puedo imaginarme cómo será ocupar el lugar de aquél al que se mantiene alejado como condición para que los demás jueguen.

"Aceptan a cualquiera, incluso a personas como yo"

En cada ocasión que conversé con estudiantes "incluidos" me encontré con una gran dificultad para reconocer las violencias ejercidas sobre ellos —por ser ejercidas en los espacios micro, los de la cotidianeidad y por personas de su cercanía, como sus docentes o compañeros— sumada a la vergüenza o mortificación posterior por las propias reacciones. También me encontré con jóvenes que aceptaban los comportamientos segregativos recibidos: *"No podía festejar mi cumpleaños porque no venían y tampoco me invitaban"*, *"estaba solo porque no soy como los demás chicos"*. *"Les quiero dar las gracias a los que no se fueron de mi lado"*, me dijo un niño, después de tener episodios en los que no podía parar de gritar y no dejaba que nadie se le acercara o salía corriendo del aula, o se ausentaba unos días para juntar fuerzas y animarse a volver. Este niño necesitaba luego pedir disculpas, aun cuando desconocía las razones por las cuales actuaba así. Según su acompañante, a veces podía ser que no entendiera una broma de un compañero, sentirse invisible a la hora de trabajar en grupos, o simplemente

　　　　　　　　　　　　　　　　　　　LAURA KIEL

que no pudiera esperar su turno para participar. En otra oportunidad, un joven que me contaba sobre su escuela primaria, me dijo que estaba contento y agradecido porque en esa escuela aceptaban a cualquiera. Voy a escribirlo tal como él lo pronunció por más doloroso que resulte escucharlo: "*En esa escuela aceptan a cualquiera, incluso a personas como yo*". ¿Cómo llegó este y otros chicos a sentir y a convencerse de eso? Seguramente viviendo muchas situaciones, a lo largo de los años, a las que no pudo identificar como agresiones.

Entiendo que la tarea de buscar y reponer ese enlace entre la situación que generó el episodio y el episodio mismo implica un esfuerzo y una disponibilidad con la que no siempre cuentan las docentes, que sufren de falta de tiempo crónica. En el fondo, supongo que no se busca comprender la causa porque no le atribuye racionalidad alguna a esas reacciones, o por considerar que lo desmedido de la reacción le quita explicación alguna. "*De la nada, estalló*", "*no pasó nada y salió corriendo del aula*", "*se brotó sin ningún motivo*". Sin embargo, cada vez que tuve la oportunidad de preguntar y repreguntar por el momento anterior, en la mayoría de los casos, encontramos algún desencadenante.

"*¿Cuál es el problema con que ande descalzo?*"

Una docente de inicial comprometida, dedicada y con una posición antisegregativa, nos compartió en un espacio de formación[4] su preocupación por un niño que se comportaba muy alejado de los requerimientos de su sala: deambula, no sostiene la mirada, no se engancha con actividad alguna. Decidió esperar, ya que es un niño que recién se escolarizaba y hasta el momento estuvo únicamente con su mamá, sin contacto con otros niños. Semana a semana, fuimos siguiendo las historias de Sebastián. Su docente nos contó que entra a la sala y se saca las zapatillas, que intentó un par de veces ponerle el calzado pero se lo vuelve a sacar. Sin embargo, a ella no le parece tan relevante ni prioritario, y redobla su apuesta preguntando: "*¿Cuál es el problema con que ande descalzo?*". Doy por descontado que es una orientación sostenida por los equipos y compartida por los terapeutas. De mi parte, intervengo de manera prudente para sugerir que es una buena oportunidad para pensar la función de la escuela, ya que el jardín es un lugar privilegiado para aprender y acceder a ciertas pautas de convivencia. Y que, por supuesto, teníamos por delante el desafío de encontrar los modos.

---

4. Diplomatura de Inclusión Escolar con orientación en TES de la UNTREF.

"*Me quedé pensando*", dice al siguiente encuentro, "*¿por qué voy a decidir yo que Sebastián siga descalzo si en la sala todos usamos calzado? Mi tarea es mostrarle lo que se espera de él y ayudarlo a que pueda*". Se le habían ocurrido algunas actividades para toda la sala, en las que tuvieran que sacarse las zapatillas y luego todos tendrían que volver a calzarse, momentos en que sí y otros en que no. Un mes más tarde, llegó emocionada. A Sebastián le encanta subirse al tobogán y para usar el tobogán se necesita tener las zapatillas puestas porque de otro modo es peligroso. Tenía que decidir: si quería el tobogán, tenía que ponerse las zapatillas. No fue sin algún berrinche y mucha paciencia de su docente, que finalmente terminó pidiendo que le pongan las zapatillas. Algo que para otros niños ya viene dado, a Sebastián le llevó casi todo el año, pero a medida que iba pescando de qué se trataba el jardín, accedía a dejar algunas de sus necesidades de lado. Compartimos a fin de año la alegría de que las zapatillas ya no fueran un tema para Sebastián.

Me gusta este ejemplo porque muestra la paradoja de que una práctica considerada inclusiva, tal como lo es el respeto irrestricto de las singularidades (sostenida por las corrientes hegemónicas en inclusión social), puede devenir en una nueva forma de segregación si se la analiza por sus efectos.

***

Espero que este apartado contribuya a sensibilizar nuestras miradas para que en una próxima recorrida por las escuelas nos demos el tiempo para detectar esos pequeños comportamientos instalados en el cotidiano escolar que operan como microsegregaciones.

CAPÍTULO DOS

El nudo entre salud y educación

El problema de las relaciones entre salud y educación me atrapó desde el primer momento en que pisé una escuela. Quizás porque mi propia formación como psicoanalista ya me había puesto especialmente en guardia contra el discurso médico de la salud mental, cuando ingresé al mundo escolar y empecé a recorrerlo, todos los días me topaba con prácticas más propias de salud que de educación, sobre todo en el incipiente campo de la inclusión escolar. En esos años escribí un primer texto sobre la tensión salud-educación en ámbitos escolares, preocupada porque la respuesta más frecuente de las escuelas ante las nuevas modalidades de presentación de las infancias era la medicalización, derivando uno por uno al pediatra, al psiquiatra, al neurólogo, al psicoanalista, al psicólogo comportamental, etcétera. Desde esta perspectiva individual, el malestar o conflicto quedaba encerrado en cada niño o niña (su conducta, su cuerpo, su cerebro) o circunscripto al ámbito privado de lo familiar, lo que, en alguna medida fundamental, oscurecía el nudo que liga a estos órdenes heterogéneos. Desde entonces llevo más de dos décadas rumiando el mismo problema: ¿cómo se trenzaron la función terapéutica de la salud y la función pedagógica de la educación frente a las exigencias de la inclusión? Si bien sabemos que ese trenzado es fundacional de la escuela moderna, no obstante, sufre nuevas reconfiguraciones al entrar en escena la inclusión educativa.

Más recientemente, una directora me decía que se sentía un poco madre, un poco terapeuta, un poco promotora de salud, un poco abogada, un poco personal de maestranza y que, a veces y con suerte, un poco docente, como si los ámbitos escolares estuvieran cooptados por cierta tendencia a la sumatoria, a la simple adición sin coordinación, al punto que ya es imposible reconocer un límite a lo que se le demanda al docente. Esta ilusión ideológica de que se puede hacer un poco de cada cosa —y así, superar los límites del propio campo disciplinar— choca con las posiciones de Freud y Lacan, para quienes estos grandes proyectos integradores siempre están atravesados por su propio punto de falla o imposibilidad.

A continuación, damos por ciertas dos premisas:

Premisa 1: *Salud y educación son órdenes heterogéneos.*

Aunque la regla actual sea la confusión —cuando no la subordinación de lo pedagógico a lo terapéutico—, no debemos olvidar que salud y educación responden a exigencias claramente demarcadas. Así, cuando hablamos de *salud* nos referimos a "todo x (ciencia, costumbre, práctica, dispositivo, profesión, etc.) tal que x tenga como propósito curar o aportar salud"; mientras que con *educación* a "todo x, tal que x tenga como propósito educar o enseñar". Como se advierte, son definiciones simples que se recortan por su finalidad, ya sea terapéutica o pedagógica, pero suficientes para desechar la creencia asentada durante los últimos años de que son complementarias. Muy al contrario, en este capítulo propongo asumir *la total ausencia de complementariedad* entre ambas. Mi enfoque se entronca con la tan citada sentencia de Lacan acerca de que "no hay relación sexual", expresión donde se evoca la relación, pero para negarla, esto es, para apreciar mejor que, en la práctica, no hay sino discordancia. Traducido de la terminología lacaniana, esto quiere decir que, se haga lo que se haga, no habrá modo de alcanzar una adecuación armónica entre salud y educación, nunca hallaremos en una lo que le falta a la otra, porque la imposibilidad de educar no puede ser resuelta con curar, ni la imposibilidad de curar puede completarse con el educar. Lo que nos lleva a la segunda premisa.

Premisa 2: *Curar y educar son profesiones imposibles.*

Ya en los finales de su vida, a Freud le preocupaba que sus discípulos no reconocieran los límites de la práctica analítica. Consciente de los riesgos, escribió uno de sus textos más lúcidos a modo de advertencia: "Análisis terminable e interminable". Allí hizo un recorrido de las tremendas consecuencias de un análisis —tanto para los pacientes como para los propios analistas— cuando el profesional no limita el ejercicio del poder que se deriva del lugar que ocupa. Al respecto, sostuvo que aquél que ejerce alguna de las tres profesiones imposibles, curar, educar o gobernar, requiere que "pueda dar anticipadamente por cierta la insuficiencia del resultado"; es decir, que pueda soportar y sentirse cómodo con *lo que necesariamente va a fallar*. Se trata de una aptitud —que vale tanto para psicoanalistas como para docentes— que supone refrenar el "empeño terapéutico", porque ese *furor curandis* es el ideal de la salud mental comprendida en términos de integración, funcionalidad y adecuación. De ahí los resguardos y contrapesos que Freud propone —la importancia del dispositivo, la necesidad del propio análisis y de las supervisiones—; todo ello al servicio de evitar los excesos más allá de lo que la propia función autoriza. En definitiva, toda una serie de precauciones que chocan frontalmente con la ilusión de que la escuela debe enseñar y curar, aun cuando curar se entienda en su sentido más amplio.[1]

Ahora bien, de esta ausencia de relación e imposibilidad de complementación no se sigue que no haya *relaciones realmente existentes*, sino todo lo contrario.

Justamente porque no hay armonía ni complementariedad entre salud y educación, existen múltiples relaciones dinámicas, cambiantes y, en última instancia, siempre fallidas, necesitadas cada vez de reinventarse. En pos de estudiar este entramado, en lo que sigue me propongo explorar los modos en que se (des)anudan la salud y la educación en dos niveles. En el primero, el más general, examino la antigua y nunca superada relación de la medicina con las escuelas, exposición donde los trabajos de Michel Foucault nos servirán de guía para aislar las características del llamado saber-poder médico. En el segundo, más específico, me abocaré al modo en que quedó planteada la inclusión escolar, con sus políticas, sus saberes y sus prácticas, al estar comandada por el discurso médico de la salud.

En las últimas décadas numerosos intelectuales alzaron su voz para advertir sobre una verdadera "conquista" de lo educativo por parte del discurso de la salud, cuestionando de este modo el precario equilibrio que hasta entonces mantenía a cada uno en su sitio. Estos autores denunciaron un giro terapéutico en educación que instaló una nueva educación terapéutica, donde

---

1. A diferencia de la psiquiatría y muchas ramas de la psicología, el psicoanálisis hizo una bandera de su diferencia con el orden médico: un análisis no es una terapia, o al menos no debería serlo. Lo que se denomina cura en psicoanálisis, no es una finalidad u objetivo de la clínica, sino que, como lo señaló Freud en los orígenes del psico-análisis, es lo que viene por añadidura, porque de otro modo el artificio psicoanalítico quedaría reducido a una psicoterapia. Todo esto es algo que sabemos los psicoanalistas, pero marcar esta diferencia en la clínica es un trabajo arduo y cotidiano, mediante el cual un analista va produciendo pequeños movimientos que lo sacan de la posición del médico, y a la vez van sacando al analizante de la posición del paciente. Por supuesto, en el consultorio este trabajo es de nunca acabar, porque el saber-poder de la medicina es insidioso y difícil —sino imposible— de remover. Y otro tanto podría decirse de su presencia en la educación.

los aprendizajes se subordinan al bienestar de los niños y la responsabilidad pedagógica es reemplazada por la "responsabilidad de ofrecer cuidados terapéuticos" (Masschelein y Simons, 2014). Aquí concentro el resultado de muchos años de reflexiones espiraladas alrededor del mismo tema, para mostrar que el nudo entre salud y educación que promueve el paradigma de la inclusión es, en los hechos, *un nudo que desata*, la unión en la desunión.

Finalmente, las escenas de la vida escolar en la tercera parte se ofrecen para dar cuerpo (volumen, densidad y peso) a estos desarrollos teóricos que pueden parecer todavía algo abstractos.

— PRIMERA PARTE —
Saber-poder médico y educación

Quizás haga falta empezar con algunas aclaraciones, porque en verdad el discurso terapéutico de la salud es mucho más amplio que la medicina. En efecto, la medicina moderna —la que se presenta como ciencia y se estudia en la universidad— no agota el campo de la salud. Armonizarse con cuencos tibetanos o curarse con respiraciones conscientes es parte del discurso de salud pero no de la medicina. Del mismo modo, si una sanadora en la montaña cura es salud, pero poco tiene que ver con la ciencia médica. Aclarado ello, la razón por la cual en esta primera parte voy a hablar de medicina es que la salud en las escuelas se encuentra, de hecho, casi enteramente subsumida por el discurso con el formato científico de la medicina. Y no es para nada sorprendente que así sea. Como institución emblema del proyecto ilustrado, la escuela abrazó siempre la causa de la ciencia. Sin embargo, no está demás recordar que la medicalización de la salud es la tendencia dominante, no la única, y no excluye en absoluto la irrupción de fenómenos antinómicos como las pseudociencias o humanismos religiosos.

Hechas las aclaraciones del caso, a continuación ubicaré tres características fundamentales del discurso de la medicina, para los cuales me serviré de los inmortales análisis de Foucault, en especial las dos conferencias: "La crisis de la medicina o la crisis de la antimedicina" e "Historia de la medicalización". Voy a ofrecer un panorama breve y recortado, ya que es un tema archi-trabajado y mi intención es ubicar únicamente aquellos rasgos del saber-poder médico que serán claves para entender qué está pasando actualmente en las escuelas, en los procesos de inclusión escolar en particular (tema de la próxima parte) y, más específicamente, en la inclusión escolar de estudiantes autistas (tema del próximo capítulo).

La normalización

Si nos referimos al poder normalizador de la medicina es porque la reconocemos como parte esencial de ese movimiento general abocado a la "perpetua distinción entre lo normal y lo anormal, la perpetua empresa de restituir el sistema de normalidad" (Foucault, 1974a, p. 26). La medicina nos dice que lo normal es estar sano, y así de fácil logra que una determinada definición de normalidad se perciba como un dato de la naturaleza, como una descripción pura, objetiva y neutral de la realidad. "Todos normales" es el ideal de la medicina moderna, un objetivo generalmente inconfesable que los profesionales de la salud persiguen por todos los medios a su alcance: tratamientos, reeducación, terapia, medicación, más terapia, más tratamiento, más medicación y así sucesivamente.

Tomemos para ilustrar este punto el *manual diagnóstico y estadístico de trastornos mentales* o DSM (*Diagnostic and Statistical Manual of Mental Disorders*), que es la mejor expresión de la racionalidad médica en el ámbito de la salud mental hegemónico. El DSM consiste en una lógica clasificatoria que distribuye los casos en categorías, niveles, grados, estadios, de modo que, cualquiera sea el caso que se trate, siempre será posible ubicarlo en algún lugar de ese abanico o espectro, que va de la baja presencia del rasgo a medir a las desviaciones más extremas. Ya van por la quinta reedición del DSM y en cada nueva versión aumenta considerablemente el número de trastornos que se van creando. Su condición ideológica salta a la vista si consideramos que las categorías diagnósticas se construyen por votación, después de largas discusiones donde la negociación cumple un papel primordial y donde rara vez hay evidencia objetiva para la confirmación de un determinado diagnóstico. Por ejemplo, en relación con los ítems que caracterizan al TDAH (Trastorno de Déficit Atencional), se votó a mano alzada que con seis ítems era suficiente para diagnosticar, estipulando que los síntomas deben mantenerse durante al menos seis meses con un grado que "*no concuerda con el nivel de desarrollo y que afecta directamente las actividades sociales y académicas*". Pero, ¿por qué seis ítems y no cinco o siete? ¿En razón de qué el plazo es de medio año? ¿Quién mide esa concordancia con el nivel de desarrollo y cómo se estipula cuál es ese nivel de desarrollo normal? La respuesta es "no sabe o no contesta" o, mejor dicho, queda a discreción del evaluador.[2]

---

2. Sigamos con otros ejemplos. Uno de los criterios para la "inatención" es: "con frecuencia no sigue las instrucciones y no termina las tareas escolares"; para la "hiperactividad", uno de sus cinco ítems es el siguiente: "con frecuencia corretea o trepa en situaciones en

El DSM vuelve manifiesto cómo la ciencia médica comienza consensuando qué es "lo esperable según el nivel de desarrollo normal", para luego efectuar mediciones que le permitan verificar y determinar qué grupos o qué individuos se ajustan o no a esos criterios de normalidad. Bajo el influjo de la ciencia médica, la complejidad y heterogeneidad de las vidas humanas se reduce a la simple oposición del par normal-patológico y, como veremos enseguida, se crea la ilusión de que toda desviación de esa supuesta normalidad podría ser corregida y llevada al "punto cero" de lo normal.

El intervencionismo

La medicina moderna es intervencionista porque entiende que toda perturbación de la salud puede y debe ser corregida, rectificada, normalizada, tratada con las técnicas adecuadas y en los ámbitos propicios. Sin embargo, esto no fue siempre así. Los trabajos de Foucault muestran que durante siglos la medicina limitó su campo de injerencia al tratamiento y la cura de las enfermedades, hasta que a mitad del siglo XVII pudo convertir a la salud misma en su objeto privilegiado de intervención. En adelante todo lo que garantice la salud, ya sea el saneamiento del agua, la alimentación o la cama en la que duerme un bebé, pasó a ser considerado objeto de intervención de la medicina. De allí que la medicina moderna sea intervencionista por definición, porque no sólo pretende curar las enfermedades sino garantizar preventivamente la salud general de la población. Y esto no sería todavía un problema si definiéramos la salud como el médico francés René Leriche, para quien "la salud es el silencio de los órganos" —bellísima definición—. El problema es que después de la Segunda Guerra Mundial se produjo un cambio en la concepción de salud, al establecer la Organización Mundial de la Salud que la misma consiste en "un estado de completo bienestar físico, mental y social, y no solamente la ausencia de afecciones o enfermedades".[3] Esto, por supuesto, lo cambió todo. Ustedes comprenderán que si la salud es concebida como un estado de "completo bienestar físico, mental y social", entonces siempre se puede estar un poco más saludable, tener un poco más de bienestar, y el campo de intervención de la medicina ya no tiene límite.

---

las que no resulta apropiado". "A veces", "a menudo", "con frecuencia" el niño "tiene dificultad para…", "no parece escuchar", "no sigue instrucciones", etcétera. Con este grado de irresponsabilidad se dictamina un diagnóstico que sella la vida de alguien, en la mayoría de los casos para toda la vida.

3. «Constitución de la Organización Mundial de la Salud». Documentos básicos 45ª Edición Suplemento, 2006, 1.

LAURA KIEL

Para decirlo en pocas palabras, el problema con el intervencionismo de la medicina moderna es que imponderables de la vida, como sufrir por amor, sentirse tristes o ser tímidos comienzan a ser percibidos, clasificados y tratados como enfermedades.

El cientificismo

Desde hace por lo menos tres siglos, la medicina se esfuerza por ser una ciencia a la altura de las ciencias naturales como la física, la química e incluso la biología, todas ellas perfectamente capaces de expresarse en términos matemáticos. Pero no siempre alcanzó ese reconocimiento pleno y hasta el día de hoy su estatuto es vacilante. Pensemos en la llamada "medicina basada en la evidencia", que hoy está muy de moda. El hecho mismo de tener que aclarar que se basa en la evidencia ya dice mucho de su complejo de inferioridad. No existe una "física basada en la evidencia", así como tampoco una "literatura hecha con palabras" (¿de qué otro modo podría ser si no?). Pero en el caso de la medicina —ni qué hablar de la psiquiatría— sus partidarios se ven compelidos a aclarar que es una ciencia basada en la evidencia y que deben trabajar muy duro para reducir al ser humano a un conjunto de datos. Es propio de la medicina moderna un marcado gusto por las cifras, los porcentajes y los experimentos, y este uso del lenguaje técnico no es casual. Pensemos que, si es capaz de instalar como la más pura descripción objetiva de la realidad lo que, en verdad, son criterios consensuados de normalidad, ello se debe en gran medida a que se expresa en un lenguaje técnico que esconde su componente ideológico. En el campo de la salud mental, este rasgo de la medicina conduce a la instalación de prácticas protocolizadas, fundadas en la lógica clasificatoria del DSM, que tienden a prescindir de la escucha clínica y de las complejidades de la subjetividad y los vínculos humanos.

Por supuesto, no es nuestro interés discutir los logros o no de la ciencia moderna. Lo que en todo caso quiero subrayar es que cada vez que se reduce los encuentros afectivos a un tema de neurotransmisores, nuestras sensibilidades a desajustes químicos y nuestra relación con el placer a niveles de serotonina, la medicina funda un discurso demasiado hostil para las infancias y desfavorable para los vínculos humanos.

***

Espero que este breve recorrido por algunas de las características centrales de ese modelo médico nos ayude a advertir en qué medida llevamos puesto el discurso médico y en qué medida nos lleva puesto. Independientemente del lugar que se ocupe, ya sea madre, padre, maestro o maestra, todos podemos quedar atrapados en las redes de un discurso que vuelve nuestras prácticas normalizadoras, intervencionistas, cientificistas e individualistas. Se trata de coordenadas que le otorgan significaciones a nuestros gestos y a nuestros decires, sin importar cuáles sean nuestras más íntimas convicciones. Lejos de ser transparente, necesita de cada uno de nosotros un esfuerzo de rastreo para sacarlo a la luz del día, porque aunque no creamos internamente en la eficacia total del poder médico, *nuestras prácticas creen por nosotros*.

Hacia el final de este capítulo volveremos sobre estas características para mostrar cómo, en la práctica cotidiana, los hábitos se imponen por sobre las ideas. Pero antes, veamos el modo en que este poder-saber se trenzó con lo que se presentó a sí mismo como una superación del modelo médico: el paradigma de la inclusión.

— SEGUNDA PARTE —
Saber-poder médico e inclusión

En lo que sigue, sobre el trasfondo ya firme de la relación entre saber-poder médico y educación que vimos previamente, me interesa presentar tres ideas alrededor del paradigma de la inclusión que se formaron y sedimentaron con el correr del tiempo: (i) la perspectiva de la salud colonizó el campo de la inclusión educativa; (ii) a pesar de la declaración formal de un cambio de paradigma, la inclusión escolar continúa comandada por el saber-poder de la medicina; y (iii) la nueva escuela inclusiva, paradójicamente, es una maquinaria productora de nuevos diagnósticos en las infancias. Como corolario de estas ideas se desprenderá la necesidad de pensar un modelo pedagógico para la inclusión escolar.

La colonización neuro-psi de la educación

En estos últimos veinte años, numerosos intelectuales alzaron su voz contra la captura de lo educativo por el discurso de la salud, el orden médico, la psiquiatría, la psicología y las neurociencias, denunciando la instalación de una nueva "educación terapéutica" (Ecclestone y Hayes, 2009). Para el caso, Solé Blanch y Moyano Mangas (2017) acuñaron el término "colonización psi" para denunciar estas tendencias, que se ven expresadas en el uso abusivo de diagnósticos en las escuelas, la expansión de la neurodidáctica o neuroeducación y el auge de la educación emocional. Por su parte, Massimo Recalcati (2016) habló de la "propagación inflacionista de la psicología" y nos propuso reflexionar sobre la ilusión del docente-psicólogo: "¿Qué clase de nueva peligrosa ilusión anida en esta actitud psicologizante de los profesores?". En esta misma línea, Prieto Egido (2018) afirmó que en la actualidad teorías provenientes del campo de la psicología —especialmente la inteligencia emocional y la psicología positiva— lideran los discursos y prácticas educativas, interrogándose por las profundas implicaciones de esta "psicologización de la educación". También Masschelein y Simons (2014) sostienen que la "responsabilidad pedagógica" está siendo reemplazada al interior de las propias escuelas por la responsabilidad de "ofrecer cuidados terapéuticos". Estos y otros autores evidenciaron que en las últimas décadas el sistema educativo se vio inundado de palabras, ejemplos e imágenes extraídos de prácticas terapéuticas, siempre bajo la idea de que el bienestar y la salud son algunos de los resultados más importantes del sistema educativo.[4]

Esta colonización de la educación se ilumina al colocarla en su lugar correcto, esto es, dentro del horizonte más amplio de lo que Foucault denominó la "medicalización indefinida". Según esta tesis, que comentamos sucintamente en la primera parte de este capítulo, cada vez más aspectos de la existencia humana —que no eran asuntos médicos y que hasta hace poco no parecían "medicalizables"— van quedando progresivamente definidos como objetos de intervención médica: la sexualidad, la crianza, la política, las emociones, etc. Pensemos en el recorrido histórico de la educación. Cuando leemos a los grandes pedagogos del siglo XIX —o incluso un texto clásico del siglo XX como *La crisis de la educación* de Hannah Arendt— está clarísimo que educar no es curar, como tampoco es gobernar, porque los fines de la educación son irreductibles a los órdenes de la salud y el gobierno. Sin embargo, esto ha dejado de ser así. En cualquier declaración de los organismos internacionales de los últimos treinta años la educación es concebida como el principal motor para la consecución de todos los ODS (objetivos de desarrollo sustentable), entre los que se incluye la salud y el bienestar.

Junto a este proceso, el discurso de la educación, que hasta entonces hacía de tope y contrapeso al tensionar con el discurso de la medicina, perdió en cierta medida su legitimidad y capacidad de resistencia. Sobre todo en el campo de la inclusión —que se gestó bajo el signo de un cierto "desdén

---

4. Sugiero que el término "colonización psi" propuesto por Blanch y Moyano Mangas sea ampliado en el sentido de una "colonización neuro-psi", ya que, como sostuvo Susana Murillo (2022), el programa fuerte de las neurociencias desde los años noventa implicó que los problemas neurológicos y psíquicos comienzan a ser abordados y conceptualizados por las mismas técnicas y conceptos, borrándose progresivamente la distinción entre lo *psi* y lo *neuro*. En consonancia con esta indistinción, hoy en día los discursos que circulan por las escuelas efectivamente abogan tanto a favor de la psicología positiva como de las neurociencias.

por los contenidos escolares" (Terigi, 2021)—, por momentos pareciera que las y los docentes se encuentran en la necesidad de justificar el valor intrínseco de la enseñanza (como fin en sí misma) frente a corrientes que sostienen que, si se propician emociones que favorezcan el aprendizaje, los aprendizajes vienen por añadidura. La educación emocional es un gran ejemplo de esta perspectiva de salud en su vertiente neuro-cientificista, para la cual, según nos ilustra un video auspiciado por un banco, "las emociones son las guardianas del aprendizaje". De hecho, el pope en la temática, Rafael Bisquerra, les aconseja a los docentes que no duden en dedicarse a fomentar la educación emocional y despreocuparse que los conocimientos vendrán solos, ya que una buena educación emocional es el mejor predictor de las habilidades sociales, del rendimiento, del bienestar, incluso es un predictor de los ingresos económicos hasta diez años después de finalizar la escolaridad.

Esta versión terapéutica de la educación se infiltra en las escuelas, se derrama en el vocabulario de los diseños, se trafica en los temas de las capacitaciones y se irradia en los informes escolares. Las y los docentes detectan que un niño tiene "ecolalias" o presenta conductas "estereotipadas", informan que un niño está "descendido" en sus habilidades motoras o evalúan que debe estar sufriendo algún tipo de "trastorno". Palabra a palabra, gesto a gesto, estas convicciones se fueron asentando hasta impregnar los modos en que los estudiantes son mirados en los ámbitos escolares. Esta escuela terapéutica remite al estado de cosas en una institución que —por diversos motivos— ha supeditado la tarea de educar a la necesidad de brindar bienestar, trabajar la autoestima o intervenir sobre las habilidades sociales de los niños y las niñas que llegan todos los días a sus aulas.

La espectralización del poder médico

Entre las primeras cosas que se aprenden en educación inclusiva es que hay un nuevo paradigma de la inclusión, una nueva manera de concebir la escuela "para todos" que resulta superadora del viejo paradigma médico de las integraciones escolares. Pero como suele suceder, vistas de cerca las cosas no son tan simples. Lo que sin dudas tuvo lugar en la primera década de nuestro siglo fue la declaración formal de un cambio de paradigma, expresado en nuestro país en la nueva Ley Nacional de Educación y la aprobación de la Convención sobre los Derechos de las Personas con Discapacidad. Este paraguas legal es condición necesaria pero no suficiente. Si bien fue una fuente dinamizadora, también se topa con sus límites. Por mucho que se nos repita que hay un nuevo paradigma, en la práctica todavía no se puede dar un paso en la escuela sin tropezar —o dar de cabeza— con el modelo

LAURA KIEL

médico. La paradoja de la inclusión, tal como decantó en las escuelas, es que terminó fortaleciendo el mismo discurso que pretendía superar. Veinte años después de la declaración del nuevo paradigma resulta abrumador el paquete de terapias y múltiples sesiones a las que quedaron forzados los niños, en su gran mayoría con objetivos correctivos y normalizadores: terapias para adaptarlos a las exigencias escolares, medicación para controlar los cuerpos, elementos para detener su impulsividad —como chalecos, parches o botox— y un acompañante externo para la contención física y emocional. Declarado formalmente muerto por la ley, el fantasma de la medicina acecha el sistema educativo, tanto más difícil de percibir y gravoso en sus consecuencias, en la medida exacta en que su estatuto fantasmal lo disimula a la mirada. Y el modelo médico, efectivamente, es "un muerto que goza de buena salud".

Más allá de las razones obvias por las cuales el poder médico se exacerbó en su connivencia con los laboratorios —lo que remite al contexto más general del neoliberalismo—, quisiera argumentar que la medicina logró conservar sus viejas prerrogativas bajo este paradigma inclusivo, en gran medida por razones de índole puramente procedimental, reglamentarias y burocráticas. Mientras que en la Convención sobre los derechos de las personas con discapacidad (Ley N° 26.378) se sancionó la muerte del poder-saber médico, el derecho a la educación de muchísimos niños y niñas quedó supeditado al cumplimiento de requisitos que amparan a las personas diagnosticadas con patologías mentales o discapacidad. Me estoy refiriendo al Sistema Único de Prestaciones Básicas para las personas con discapacidad, que deja inevitablemente supeditada a Salud la potestad de garantizar, entre otros derechos, el apoyo a la integración escolar.[5]

Sin negar la importancia de los estudios que en las últimas décadas analizan la discapacidad como una categoría política relacional, sin desconocer el trabajo de tantos y tantas profesionales que vienen combatiendo perspectivas capacitistas y prácticas compensatorias, y sin cuestionar las conquistas logradas por los colectivos de personas con discapacidad, no hay más que recordar que los certificados de discapacidad los firma una junta médica y las prescripciones de escolaridad así como las de integración escolar requieren de indicación médica, para confirmar que existen continuidades y persistencias entre tantos cambios logrados. La condición de discapacidad, al igual que todo lo relativo a la salud, permaneció en mayor medida bajo el

---

5. Estoy escribiendo estas líneas en momentos en que esta ley pionera en América Latina está en riesgo y amenazada por las políticas del gobierno de La Libertad Avanza, a la par que los organismos, instituciones y personas con discapacidad están en las calles reclamando porque están padeciendo la pérdida de sus derechos alcanzados gracias a conquistas que se creían ya ganadas.

poder discrecional del modelo médico. A resultas de este entramado jurídico, todo el sistema de clasificación, designación y distribución de servicios para la escolaridad se sostiene en categorías del saber-poder médico, en concepciones biologicistas de la subjetividad y en una clínica de la mirada que excluye la dimensión de la palabra dirigida a un otro.

Si de efectos paradójicos se trata, lo que detectamos aquí es que en el mismo acto en que el Estado adoptó las medidas que consideró pertinentes para garantizar la inclusión de las personas con discapacidad, se reforzaron aquellos mecanismos normalizadores del saber-poder médico que se pretendía superar. En cierta forma, nos hallamos frente a una situación semejante a la de Foucault frente a la "antimedicina" de Iván Illich y sus seguidores:

> En la situación actual, lo diabólico es que cuando queremos recurrir a un dominio exterior a la medicina hallamos que ya ha sido medicalizado. Y cuando se quiere objetar a la medicina sus deficiencias, sus inconvenientes y sus efectos nocivos esto se hace en nombre de un saber médico más completo, más refinado y difuso. (...) La antimedicina solo puede contraponer a la medicina hechos o proyectos revestidos de cierta forma de medicina. (Foucault, 1974a, p. 28)

En la medida en que un saber-poder deja de tener campo exterior, por más que se declamen paradigmas superadores, sus detractores no logran escapar a él. Otro tanto sucedió con el paradigma de la inclusión, cuya resistencia al discurso de la medicina se convirtió en una continuación de la medicalización indefinida por otros medios.

La discapacitación de las nuevas infancias

Cada año crece el número de niños y niñas con Certificado Único de Discapacidad bajo proyecto de inclusión en las escuelas. La pregunta que se me impuso una y otra vez es la siguiente: la escuela que recibe tantos niños y niñas tratando de incluirlos, ¿tiene alguna incidencia en el crecimiento de esa población o es un mero recipiente? Creo que a esta altura la respuesta resulta obvia: la escuela no sólo es receptora sino también parte productora de estos procesos de aumentos de discapacidades. ¿Por qué digo esto? Las políticas de inclusión educativa —que llevaron a las escuelas a abrir sus puertas a niños con discapacidades tradicionales que años atrás no sostenían su escolaridad en las escuelas comunes— se superpusieron espacial y temporalmente con la presencia masiva en las aulas de alumnos con posiciones subjetivas y modalidades de habitar el mundo discordantes con las exigencias escolares. Esta superposición de políticas inclusivas y nuevas infancias facilitó que todos aquellos rasgos de los niños y niñas que no respondían a "lo esperable" devinieran en un trastorno, déficit o discapacidad, según los criterios clasificatorios médicos actuales. En ese contexto confuso y exigente, en términos generales, en muchos casos se afianzaron en prácticas pedagógicas ya instituidas para los "problemas de aprendizaje" conocidos y en otros se pretendieron llenar los vacíos de saber con prescripciones prestadas del campo de la salud mental. No sorprende por ello que las certificaciones de discapacidad en la infancia no han parado de crecer y que entre todos los diagnósticos los que más crecieron son los vinculados a la escolaridad.

¿Con qué recursos contaban las escuelas para hacer frente al ingreso masivo de niñas y niños con modalidades de presentación que no se ajustaban a los modelos universales del desarrollo propuestos por las ciencias psicológicas y psicopedagógicas? ¿Cuáles fueron sus medios para responder a niños y niñas que no contaban con las posibilidades subjetivas para conciliar sus conductas y sensibilidades a las exigencias de la institución escolar? Frente al "no saber qué hacer", las escuelas se aferraron a los diagnósticos como a una solución en lugar de un problema. Si tal como todas las estadísticas lo confirman, cada año son más los niños y las niñas que se salen de los parámetros de lo esperable para docentes y terapeutas; y si la condición (a veces implícita) para garantizar el derecho a la escolaridad de estos niños es tener una discapacidad certificada (porque así tienen acceso a un acompañante y a terapias), entonces ¿no es lógico suponer que en muchos casos ese certificado operó al modo de una *deus ex machina*, de una respuesta caída del cielo? Todo esto, por supuesto, se asienta en la presunción errónea, que ya comentamos, según la cual los problemas de las escuelas se resuelven con más recursos y los de los niños —ya sean entendidos como emocionales, de conducta, de comunicación o de aprendizaje— con más terapias. La escuela contribuye así, obrando con la mejor de las intenciones, a una patologización de las nuevas infancias. Como resultado de ello, cada niño que queda bajo proyecto de inclusión con acompañante externo se convierte en un "caso" a curar antes que un alumno a educar.

***

Me gustaría poder conmover sin incomodar y problematizar sin importunar. Soy consciente de que estas tres ideas pueden generar ciertos recelos en algunos sectores del sistema pero también estoy convencida de que pueden ayudar a que muchos docentes comprometidos se animen a posicionarse de manera más confiada en los saberes para los que fueron formados. Cada vez más llegan a las escuelas informes con todo tipo de trastornos (*TDAH*,

TEA, *TGD*, *TEL*), disfunciones y déficits, desde las *dis* (discalculia, disgrafías, dispraxias) hasta expresiones coloquiales extraídas de la terminología técnica como "se brotó". Y si bien los docentes se han ido acostumbrado a maniobrar en sus prácticas con las evaluaciones, los diagnósticos, los datos y las estadísticas del saber-poder medicinal, el problema es que se trata de un discurso que horada las condiciones para el lazo social escolar, al desautorizar a los docentes e instalar una forma de hablar sobre los niños supuestamente impersonal y objetiva. Tomemos como ejemplo, para mostrar esta operación sobre los saberes docentes, un libro que ha sido un *best seller* de las neurociencias: *¿Cómo aprendemos?*, de Stanislas Dehaene (2019). El autor nos propone, como resultado de "investigaciones científicas", que existen cuatro pilares del aprendizaje, que permiten mejorar de verdad la educación. Estos pilares son:

> La atención, que amplifica la información sobre la que nos concentramos. El compromiso activo, un algoritmo que llamamos también "curiosidad", y que incita al cerebro a evaluar constantemente nuevas hipótesis. La revisión o *feedback* a partir del error, que compara las predicciones con la realidad y corrige los modelos que elaboramos acerca del mundo. La consolidación, que automatiza y vuelve fluido lo que aprendimos, especialmente durante el sueño. Prestar atención, involucrarse, poner a prueba lo adquirido y saber consolidarlo son los secretos de un aprendizaje exitoso. (Dehaene, 2019, p. 29)

En pocas palabras, en los procesos de aprendizaje es importante que los niños presten atención, que estén interesados, que revisen para aprender de los errores y por último, que duerman bien, sólo que ahora ya no son los niños sino los cerebros los que importan. De este modo, la computación, la neurobiología y la psicología cognitiva vienen a mostrar —mediante resultados de experimentos científicos— cuestiones de sentido común que la humanidad sabe desde siempre, solo que ahora, dicho de manera impersonal, parecen más serias. Es una primera operación de "expropiación" de ese saber que forma parte, ya no de los saberes docentes sino del acervo cultural de la humanidad. Consciente de ello, el autor aclara:

> Nada de esto es demasiado nuevo, me dirán ustedes, y muchos docentes ya aplican estas ideas espontáneamente. Sin embargo, en el campo pedagógico, no podemos confiar en la tradición ni en la intuición: necesitamos verificar con métodos científicos qué herramientas realmente mejoran la comprensión y la retención de los materiales del curso por parte de las y los estudiantes, y cuáles no. (2019, p. 241)

No es una simple expropiación ingenua, muy por el contrario, son los saberes docentes los que quedan desestimados a favor de los formatos científicos. Se borran de un plumazo las producciones epistémicas, las tradiciones pedagógicas, los saberes de las didácticas en favor de una ciencia del aprendizaje que deja afuera a todos los docentes y formadores por considerar que sus saberes intuitivos y espontáneos no son confiables.

— TERCERA PARTE —
Escenas de la vida escolar

A lo largo de este capítulo desplegué una caracterización del saber-poder de la medicina y tres ideas sobre la falta de complementariedad entre salud y educación (no hay relación sexual, Lacan *dixit*). La intención última fue pensar lo paradójico de un movimiento como la inclusión, que vino a superar el paradigma médico de las integraciones para terminar aferrándose a su misma lógica normalizadora, intervencionista cientificista, al colisionar con la racionalidad del dispositivo escolar. En la actualidad, a resultas de este desfase entre los propósitos y su implementación, lejos de entrar en decadencia y desaparecer, el modelo médico rehabilitador y asistencialista devino un espectro que goza de excelente salud en los ámbitos escolares.

Conscientes de que navegamos en un mar de complejidad y contradicciones donde resulta altamente difícil orientarse, y tal como hicimos en el capítulo previo, les propongo ahora un ejercicio de detección y reconocimiento de este discurso en algunas expresiones que son de uso cotidiano en las aulas.

"Tiene baja tolerancia a la frustración"

Con el mismo rigor de verdad que un médico afirma de un paciente que tiene diabetes, glucemia o hipertensión, ciertos terapeutas dicen —y los docentes repiten— que un niño o niña "tiene baja tolerancia a la frustración". Casi como un mantra se repite en los ámbitos escolares esta frase que pareciera encerrar la respuesta a todos los males infantiles. No puedo dejar de preguntarme y preguntarles cuándo pasó a suponerse que los niños deberían ser capaces de tolerar la frustración. Constantemente les atribuimos este diagnóstico bajo la premisa de que deben alcanzar determinados objetivos en edades cada vez más precoces, sin advertir que al pronunciar esa frase transformamos un rasgo propio de la infancia en un ítem patológico. ¿Baja tolerancia respecto de qué índice? ¿Hay alta y media? ¿Se cuenta con algún análisis o estudio? Por supuesto que no. Es simplemente un modo de nombrar lo que le pasa a un niño, modo que ya lleva implícita una cierta mirada deficitaria. ¿Y cómo creen que trabajan los terapeutas la baja tolerancia a la frustración? De la misma forma que fuera de los consultorios, dedicándole tiempo. Las horas que los niños juegan a las cartas, a la oca o similares para "aprender a frustrarse" reemplazan las horas que solían jugar en las casas, con hermanos, con los padres o con amigos. Que aprendan el "no", que acepten perder, que descubran que no son "únicos", que soporten la frustración, en síntesis, que vivencien todas las heridas narcisistas que le esperan a "su majestad el bebé" (expresión de Freud) en el difícil derrotero del crecimiento, una tarea que requiere de tiempos, de un contexto propicio y de disponibilidad de los adultos.

Ciertamente, la "baja tolerancia a la frustración" es tan arbitraria como muchas otras etiquetas que, de tan instaladas en el sentido común, ya no parecen no parecen responder al poder médico. Pienso, por ejemplo, en la muy usada expresión de "falta de límites". Sin embargo, de una a otra nominación, hay un desplazamiento hacia la lógica del discurso médico que es preciso subrayar. En efecto, en el sentido común instalado de la "falta de límites", la falta recae sobre el adulto, quien tiene a su cargo la tarea de poner límites. En cambio, en ese movimiento que llevó a concebir la tolerancia a la frustración como una característica que se tiene o no se tiene, lo que le acontece a un niño se independiza de su vínculo con los adultos. La falla pasa a ser un síntoma propio del niño y, por lo tanto, ya no se trata de educar sino de "trabajarlo". "Lo estamos trabajando" es otra de esas frases que transforman los vínculos en un mecanismo normalizador, ya sea que el que lo pronuncie sea un padre o madre, terapeuta o docente.

"¡Vamos por más!"

Dadas las características de la medicina contemporánea, cada vez se interviene más directamente sobre los cuerpos, sobre lo real del organismo, mediante medicación, modificación de la dieta, etc. *"Por las dudas"*, *"¿por qué no?"*, *"mal no le va a hacer"*, son algunas de las frases que acompañan la convicción actual de ese "todo suma" al que ya hice referencia en el capítulo anterior. Así es como nos encontramos con niños cada vez más pequeños con un tratamiento neurológico y/o farmacológico, acompañado de un abanico de psicoterapias, fonoaudiología y terapia ocupacional. *"Cuánto antes mejor"*, *"Cuánto más, mejor"*, son frases que se escuchan y dan cuenta de una fiebre intervencionista sobre las infancias y adolescencias en general, aunque aquí nos centramos en aquellos bajo proyecto de inclusión. Desgraciadamente, pocas veces se menciona cuán duro los hacemos trabajar —con terapias cinco días a la semana— para garantizarles su lugar en las aulas. En una reunión por el seguimiento de un estudiante bajo proyecto de inclusión, después de un año muy difícil, ahora que el niño está pudiendo quedarse en el aula y que está participando de las mismas actividades que sus compañeros, se acuerda *ir por más*. Se decide que hay que trabajar la socialización para que pueda compartir los recreos con sus compañeros. Pero su docente, que se sumó a último momento —cuando logró que alguien la reemplazara con el grupo— planteó que Seba necesita ese tiempo en el recreo para estar con sus dibujos y ojear sus comics. Ella sabe del esfuerzo que realizó este niño para adaptarse a las exigencias escolares. La docente lo nota cansado, los días que tiene terapias ya llega agotado al colegio, y a eso se suma que le están regulando la medicación.

¿Siempre hay que ir por más? ¿Cuánto más? ¿Quién decide que lo mejor para Seba es socializar en los recreos? ¿Con qué criterio se resuelve que a un niño le falta tal competencia o habilidad? ¿Dónde ponemos el límite a nuestro furor intervencionista? ¿Vamos por más o estamos yendo por todo? ¿Qué nos autoriza a meternos de esa manera con las particularidades de los pibes? Les dejo las preguntas porque es obvio que ya tienen mis respuestas. Si la educación y la crianza toman la forma del trabajo terapéutico, es porque efectivamente un discurso particular hegemonizó el campo.

"Necesito saber dónde estamos parados"

La clínica médica es individualizadora, porque a la hora de curar se trata de este paciente. Se lo estudia, se le indica tratamiento, se lo controla, se hace prevención y se interviene sobre el organismo para alcanzar o restablecer parámetros de normalidad deseables. ¿Cómo se traslada y cómo se sostiene esa perspectiva individual en una institución escolar? Ese mismo ideal médico de normalidad funcionando en las escuelas se vuelve un mandato que nos tiene observando con una lupa para detectar cualquier rasgo de los niños que nos llame la atención. Sobre todo, los docentes del nivel inicial se muestran agobiados por la responsabilidad de no fallar en la detección temprana y prevenir así cualquier posible trastorno que ni siquiera tienen por qué conocer. *"Necesito saber dónde estamos parados"* es una frase que escuché en el trabajo clínico, muchas veces pronunciada por psiquiatras y/o neurólogos para justificar la indicación de algún estudio o evaluación; pero, para mi sorpresa, una directora a la que le proponía tomarnos un tiempo antes de pedirles a los padres una consulta con el neurólogo, me respondió con la misma frase: *"Necesito saber dónde estamos parados"*. ¿Para qué realizar un estudio a un niño tan pequeño si de ese resultado no se desprende una indicación escolar sino terapéutica? *"A mí me da cierta tranquilidad tener un diagnóstico"*, me contestó una docente de inicial.

¿Cuál es la ilusión? Que la ciencia médica puede ponerle un nombre a lo incierto, a la vez que puede brindar las herramientas terapéuticas para borrar la brecha y acercarlo a la normalidad. *"El problema es que la mamá no lo lleva a terapia"*, *"no sé qué está pasando en la terapia pero no se notan los cambios"*, *"si tuviera un diagnóstico, se podría tratar"*, *"le están haciendo estudios para saber qué tiene"*; todas ellas son expresiones que dan cuenta de la misma confianza en el uno por uno de la intervención médica. Al mismo tiempo que los informes escolares y terapéuticos repiten la frase "no responde a lo esperable", son más los niños que van quedando fuera del amparo del vínculo pedagógico para ser "entregados" al poder médico.

***

Como intenté evidenciar con unas pocas escenas, cada vez más nos encontramos ante escenarios escolares donde la perspectiva de salud se presenta (des)anudada del discurso de la educación, donde el saber-poder de la medicina hegemoniza las escenas escolares, sin que un fin pedagógico logre ponerlo en tensión. Los proyectos de inclusión se instalaron bajo la modalidad de seguimiento individual de los estudiantes, conmoviendo los cimientos de la institución escolar misma. Vengo insistiendo en este punto porque si no ponemos en cuestión el poder normalizador, intervencionista, cientificista del paradigma inclusivo, no nos van a alcanzar ejércitos de acompañantes, ni equipos interdisciplinarios, ni brigadas de terapeutas. No solo es agotador sino lógicamente imposible tratar de modo correctivo a las nuevas subjetividades que no cuadran con los parámetros de normalidad. Quizás —y esta va a ser mi propuesta en el último capítulo— si en lugar de pretender curarlos solo pretendiéramos enseñarles, la presencia de los niños que no se ajustan a lo "esperable" en las aulas sería un desafío productivo para los profesionales de la educación. No estoy diciendo que sea sencillo. De ninguna manera pretendo soslayar la complejidad de la tarea, sólo digo que ya es suficientemente difícil generar las condiciones para enseñarles como para también pretender curarlos. En una escuela que de conjunto devino una institución terapéutica, es un reto enorme instalar la centralidad de la enseñanza como condición para la inclusión escolar. Mi apuesta será recuperar caminos ya transitados por los docentes, más propicios para los vínculos escolares, sabiendo que las escuelas aún pueden reorientarse y apostar a la conformación de nuevos colectivos escolares.

CAPÍTULO TRES

Autismo

Hasta acá, nuestros capítulos tuvieron el objetivo de mapear el accidentado campo de la inclusión escolar para que podamos reconocer con qué elementos estructurales del sistema escolar se choca cualquier intento de hacer de las escuelas espacios más inclusivos. En este tercer capítulo me interesa tomar distancia de la perspectiva generalista en que se encuadran los anteriores, para enfocarme específicamente en la inclusión escolar de aquellos estudiantes alcanzados por el significante "autismo". Este recorte es necesario porque, como veremos, algunas de las indicaciones o prácticas aceptadas en el campo general de la inclusión resultan contraproducentes o nocivas para estos estudiantes en particular. Recordemos que en el capítulo anterior ubicamos como parte del problema la excesiva confianza que se deposita en el saber experto de los especialistas: psiquiatras, psicólogos, neurólogos, etc., a quienes se dirige una pregunta que es siempre la misma: "Dígame qué tiene". Sabemos que en todos los casos, indefectiblemente, la respuesta que obtienen los docentes es un diagnóstico de salud y un certificado médico que confirma lo que ya todos sospechaban: "algo tiene". El problema con el que nos encontramos ahora es que, al nivel de las prácticas escolares, ese diagnóstico de autismo que se esperaba como una solución, en realidad no aporta demasiado. ¿Qué efectos de inclusión produce la llegada de un diagnóstico de autismo? Ninguno. La respuesta que ofrece la medicina no contesta las preguntas de los docentes porque no nos dice cómo tratarlos ni cómo enseñarles en una escuela.

La inclusión en el sistema educativo crece al compás del aumento del autismo. Para reconocer su magnitud, ya en 2012 Eric Laurent advertía que atravesamos una "epidemia diagnóstica" de autismo, en parte, de la mano de una tendencia generalizada a encasillar en el autismo a muchos de los niños y niñas a los que en esta época se les complica crecer o se les dificulta el ingreso a las instituciones escolares, tal como años atrás eran encuadrados en otras categorías diagnósticas. Pensemos que mientras que en los años 1970 se diagnosticaban cuatro o cinco casos cada 10.000 niños, en 2023 el Centro de Control de Enfermedades de Estados Unidos reportó ¡un niño con autismo cada treinta y seis! Si bien en Argentina no tenemos estadísticas confiables, el aumento de personas que reciben el diagnóstico de autismo es un hecho verificable, y no solo en las aulas. Es un diagnóstico que se realiza cada vez más prematuramente pero también, en la actualidad, de manera tardía, ya que es considerable el número de adultos que se están encontrando con este diagnóstico, al que casi siempre reciben con alivio.

Sucede que "autismo" devino un significante con un alto poder para producir sentido. "Era por el autismo" parece ser una explicación aceptable para todos los desajustes de una vida. Pero no todo niño o niña que no nos mira o no nos contesta es autista, ni toda niña que presenta alguna forma bizarra en el uso de un objeto es autista, ni todo niño que camina en puntas de pie es autista. La explicación no siempre es algún trastorno del espectro. En todos los casos un proceso de despeje diagnóstico lleva su tiempo y es complejo; especialmente en el autismo, no habría que precipitarse en un diagnóstico realizado con los criterios de clasificación actuales. Son los propios instrumentos de medición de la ciencia médica los que se ven seriamente cuestionados por la actual "epidemia". De hecho, una investigación dirigida por Silvia Tendlarz (2010-2012) permitió confirmar que de 192 historias clínicas analizadas, sólo un tercio correspondía al diagnóstico de autismo según los criterios del psicoanálisis.

Como sea, dado que una escuela no es sitio para hacer un diagnóstico diferencial de salud, no me interesa profundizar en sus indicadores clínicos ni en su etiología (aún indeterminada). En cambio, me interesa tomar el autismo en su dimensión significante, entrecomillada, como un "significante flotante" alrededor del cual se libra una auténtica batalla por el sentido en las escuelas.[1] Creo que es en sí mismo significativo que el sistema educativo no haya encontrado aún una denominación más precisa para nombrar a esta población

---

1. Desde Levi-Strauss, los significantes flotantes son palabras que (al interior de un campo ideológico en disputa) significan tantas cosas diferentes que acaban por no significar nada. "Autismo" es una de estas palabras, "representantes de una cantidad indeterminada de significación, en sí misma carente de significado y, por lo tanto, susceptible de recibir cualquier significado" (Levi-Strauss, 1987, p. 50).

escolar que crece a un ritmo vertiginoso y sin delimitaciones precisas. Es cierto que se realizaron algunos intentos, desde el clásico TES (Trastornos Emocionales Severos) hasta intentos más recientes como "estudiantes con alteración en el desarrollo y la constitución subjetiva", "niños en tiempos y espacios singulares" o "patologías de la subjetividad", pero son intentos fallidos que están lejos de disputarle la primacía al significante "autismo".

"Autismo" es el significante privilegiado que circula en las escuelas para referir a muchísimos niños y niñas con modalidades de habitar el mundo discordantes con las exigencias escolares y en ocasiones alejadas de las representaciones sociales reconocibles de las infancias y adolescencias. Se lo utiliza con total liviandad para aludir a esos niños y niñas que esconden su mirada, que se aferran a algún objeto como a su salvavidas o que los invaden angustias sin medida; que no pueden quedarse sentados y caminan todo el tiempo; que necesitan salir del aula por momentos o hacer movimientos repetitivos; que no responden a los docentes ni siguen las actividades propuestas; que no hablan o sólo hablan de algún tema específico como algún videojuego; que se autoagreden o desbordan; o que repiten alguna palabra, frase determinada o sonido para no desaparecer o quizás se pasen la jornada dibujando sus personajes.

Son estos estudiantes los que en mayor medida ponen en jaque la cotidianidad de las escuelas, porque a diferencia de lo que sucede con los niños y niñas con discapacidades motoras, sensoriales o mentales, para los cuales hay en las escuelas un saber acumulado, cuando se trata de autismo pareciera que nadie sabe bien qué hacer. Algunos docentes suelen seguir diciendo que no saben cómo acercarse ni cómo interpretar sus actitudes, y que en muchos casos no llegan a confirmar si los escuchan o si los comprenden. Aún así, en las escuelas nos encontramos constantemente con docentes que a diario se cargan sobre sus hombros el desafío de hacerles un lugar, de inventar nuevas aulas para quienes allí se encuentren, a veces sin recursos materiales, otras sin soportes institucionales, a veces en soledad. ¿Todos? No, por supuesto. También están los docentes que evitan o simplemente delegan el trato en profesionales que creen mejor formados para esa tarea, ya sea porque no consideran posible contemplar las particularidades subjetivas de estos estudiantes o porque los requerimientos que estos niños introducen a las convivencias en las aulas les resultan imposibles de compatibilizar con el "normal funcionamiento de la clase".

Frente a este estado de situación y dado que la confianza en la medicina nos trajo hasta acá, me gustaría proponerles un cambio de rumbo. ¿Será posible que nos animemos a acercarnos y conocer a las y los estudiantes que ya tenemos en las aulas? ¿Será posible simplemente preguntarnos qué necesitan para habitar las escuelas y qué necesitan saber los docentes para enseñarles? En lugar de insistir en una pregunta por el diagnóstico dirigida a los especialistas, probemos escuchar lo que los propios involucrados tienen para contarnos en primera persona.

En las próximas dos partes veremos que gran parte de los postulados científicos y de las formulaciones clínicas sobre autismo fueron puestos en cuestión y desmentidos por personas autistas que accedieron a compartir sus testimonios. Si estamos dispuestos a aprender, ellos nos enseñan que nuestras impresiones no se condicen con sus experiencias de vida y que las técnicas de reforzamientos que se esparcieron en las escuelas resultan contraproducentes. De manera enfática nos están advirtiendo que no estamos en el buen camino. Es momento de escucharlos.

— PRIMERA PARTE —
La narrativa autista

Desde hace algunas décadas existe un nuevo género narrativo que el historiador de las ciencias Ian Hacking, en "Autistic autobiography" (2009), propuso denominar "narrativa autista". Se trata de autobiografías y testimonios de personas autistas, o biografías y relatos de sus familiares, quienes hacen el esfuerzo de acercarnos sus mensajes en primera persona para que, como bien sentenció Lacan (1975), nuestra dificultad para escucharlos no oculte que son "personajes ante todo verbales". Por supuesto, habiendo pasado más de una década desde la publicación del libro *¡Escuchen a los autistas!*, de Jean-Claude Maleval (2012), no puedo decir que mi propuesta tenga pretensiones de originalidad. Antes bien, mi propósito es recepcionar estas orientaciones dentro de nuestro campo de la inclusión escolar, para que cada vez más docentes también se sumen a los intentos por comprender. Tengo la esperanza de que esta narrativa autista nos permitirá decidir nuestro camino en la encrucijada enunciada por Maleval: "¿Habrá que tomar partida por obligarlos, o bien por escucharlos?". Encrucijada que se nos puede plantear de diversas maneras: ¿Tomar distancia y preservarnos del dolor o acercarnos y percibir lo difícil que puede resultar para tantos niños y jóvenes la tarea de vivir? Todos los testimonios transmiten mucho sufrimiento, son historias de años de lucha para alcanzar objetivos que pueden resultar tan simples para otros: *hablar, desprenderse de un objeto, mirar a los ojos, dar un abrazo.* El primer paso es siempre una decisión: aceptar que a todos, por momentos, la tarea de vivir nos consume más fuerzas de las que disponemos. Este tipo de experiencias son las que nos preparan para entender el testimonio de esas personas autistas. No se trata solamente de estar formados sino de estar dispuestos a dejarnos conmover por ese sufrimiento y animarnos a aprender. Y uso a conciencia la palabra "animarse", porque la cercanía con el autismo provoca angustia. Al modo de Nietzsche frente al abismo, cuando lo miramos, el autismo nos devuelve la mirada, revelando cuán contingente, incierta y precaria es la realidad del mundo que habitamos y creemos conocer. Me gustaría compartir con ustedes cuatro de las cosas más importantes que aprendí escuchándolos.

El autismo como posición subjetiva

Muchos testimonios coinciden en que el autismo no se reduce a un déficit en el modo de cognición e insisten en la necesidad de sacarlo de la esfera de la discapacidad cognitiva o mental. A coro con los fundadores de la asociación de personas autistas, *Autism Network International* (ANI) —entre los que se cuentan Jim Sinclair, Kathy Grant y Donna Williams—, son muchas las voces que en las últimas décadas se alzaron para plantear que el autismo es una forma de ser, un estilo de procesamiento cognitivo o, como propone llamarlo Maleval, un modo de funcionamiento subjetivo singular. Mireille Battut, la madre de Louis, un joven autista, lo expresa de esta manera:

> Nuestros hijos tienen una forma de estar en el mundo que los diferencia. Ni el cerebro ni los comportamientos resumen al humano. Por eso, hemos elegido un término más amplio, el modo de ser que incluye en particular un modo de percibir, sentir, que queremos respetar. (Battut, 2015)

Este planteo coincide con el que hizo Jim Sinclair en un artículo enmarcado en la ANI, "No sufran por nosotros". Dirigiéndose específicamente a los padres, Sinclair es uno de los primeros autistas que se dedicó a hacernos llegar este mensaje:

> El autismo no es algo que una persona tiene, o una "concha" dentro de la cual está atrapada una persona. No hay un niño normal escondido detrás del autismo. Afecta toda experiencia, toda sensación, percepción, pensamiento, emoción y encuentro, todo aspecto de la existencia. (Sinclair, 1993)

El autismo no es una condición de la cual el sujeto no puede salir, ni siquiera es un obstáculo que deba superar. Como lo escribió Kenneth Hall (2003) cuando era un niño de apenas diez años: "No soporto que la gente utilice la palabra *sufrir* y diga que yo *sufro* autismo. No es algo que me haga sufrir, es simplemente como soy".

Ahora bien, más allá de estas voces que abogan por el autismo como una forma de ser, es importante mencionar que dentro de la comunidad de autistas activistas, también hay diferencias en algunas de sus posturas. Si bien para Sinclair "no es posible separar el autismo de la persona", para Donna Williams (2012) —una escritora australiana, artista y profesora— el autismo no atañe al *ser* de la persona, sino al *tener*. Ella nos dice que su vida no pertenece al autismo: "Lo más importante que he aprendido es que el autismo no soy yo". Toda su obra es el testimonio de su lucha contra el autismo: "Yo voy a controlarlo, no va a controlarme él a mí". Pero en cualquier caso, ya sea como aceptación del ser o como superación del tener —o incluso como una tensión entre ambos—, los activistas autistas nos piden que reconozcamos y respetemos los esfuerzos que el propio sujeto realiza para comprender su propia posición subjetiva en el mundo.

Los autistas son seres inteligentes

En la primera página de su libro, Maleval advierte que las personas autistas "se expresan para hacer saber que son seres inteligentes y piden ser tratados con más consideración". Es fundamental advertir que todos los testimonios de autistas que lograron hacerse oír en las últimas décadas —con los medios que hoy disponen para ello— confirman esta afirmación. Jim Sinclair nos cuenta que existía una duda considerable acerca de cuánto comprendía o si alguna vez lograría funcionar con cierta independencia (no utilizó el lenguaje para comunicarse hasta que tuvo doce años). Escuchémoslo:

> Nadie podía adivinar cuánto comprendía, porque yo no podía decir lo que sabía. Y nadie adivinaba la cuestión crítica que yo no sabía, la conexión que faltaba de la cual dependían tantas cosas más: yo no me comunicaba hablando, no porque fuera incapaz de aprender a usar el lenguaje, sino debido a que yo simplemente no sabía para qué se hablaba. Yo no tenía idea que ésta podía ser la forma de intercambiar significados con otras mentes. (Sinclair, 1993)

En otro tiempo, acaso era muy difícil advertir que los autistas tenían algo para decirnos. Pero por suerte, para recordarnos que son seres inteligentes hoy contamos no sólo con los testimonios de personas autistas como Sinclair, sino también de sus familiares, como es el caso muy conocido de los padres de Owen Suskind (el protagonista de la película *Vida animada*). El pequeño Owen a los tres años dejó abruptamente de comunicarse. El médico, al que recurrieron inmediatamente, desestimó la posibilidad de que su hijo comprendiera y fuera receptivo a las actividades de otros. ¡No había que hacerse ilusiones al respecto! No obstante, Ron y Cornelia Suskind perseveraron en la escucha, hasta que advirtieron que el lazo de su hijo con el universo había sido tejido con el mundo de Disney, y que gracias a ese recurso accedió a hablar a través de frases de Peter Pan o Mowgli. Allí donde el médico vio solo ecolalias sin sentido alguno, los padres descubrieron frases de su hijo Owen.

Las apariencias engañan

De diferentes modos, la narrativa autista nos pide que desconfiemos de las apariencias. Muchos de sus testimonios dan cuenta del sufrimiento que les ocasionan las interpretaciones desajustadas que realizamos de su fenoménica autística: *"La gente pensaba que yo no tenía inteligencia, que no tenía emociones"*; *"Escuchaba todo lo que decían de mí y me dolía"*; *"Porque no pueda hablar no significa que no comprenda, muchas veces me lastimaron con lo que decían"*; *"Puede que no muestre entendimiento en mi rostro, pero comprendo"*; *"Hablan de mí como si yo no estuviera"*. Ya en otra oportunidad compartí la historia del poeta alemán Birger Sellin (2023), considerado un autista incurable, mudo desde los dos años, a quien veían como un débil mental manifiesto, ensimismado en su mundo, alguien incapaz de comprender lo que acontece a su alrededor. Sin embargo, a pesar de las afirmaciones categóricas de los médicos, los padres por momentos tenían la sensación de que el niño los observaba y comprendía. Ellos cuentan que "a su alrededor, esparcidos por el suelo, había siempre libros cuyas hojas Birger pasaba con bruscos movimientos, estropeándolos mucho o incluso rompiéndolos del todo". Nunca pudieron llegar a imaginarse que estuviera leyendo. Y efectivamente, leía desde los cinco años. Cuando logró expresarse gracias a la comunicación asistida, pudo contar que todas esas horas que pasaba con los libros estaba abocado a su lectura.

El periodista que se acercó a conocer a Birger, Michael Klonovsky, se preguntó cómo es posible que el exterior y el interior de una persona estén tan alejados entre sí. Exteriormente, se encontró con un joven que "seguía con ataques de furia imprevisibles, con gritos convulsivos, golpes, jadeos furiosos, con balanceos de su cuerpo de manera monótona y golpeándose la cara o mordiéndose hasta hacerse sangrar" (Sellin, 1992). La idea de que en aquel ser ajeno y herméticamente aislado pudiese anidar alguna inteligencia le resultaba desconcertante. Es el caso también de Amanda Melisa Baggs, una artista y activista en Estados Unidos, que nos dejó una fuerte declaración sobre su derecho a ser considerada un ser pensante. Baggs se pregunta con frecuencia cuánta gente que se la encontrara en la calle la creería capaz de escribir sus textos; después de todo, ¿en quién confías más, en tus ojos o en mis palabras?

Un autista es un trabajador sin descanso

Cada autista ha encontrado su modo de protegerse en situaciones complicadas o confusas, a veces con patrones de conducta que les procuran una especie de aislamiento, a veces con "conductas para la coherencia" —tal como lo define Kamran Nazeer (2006)— como "dar vueltas, ir y volver corriendo, andar de puntillas, dar cabezazos, mover los labios, chupar cosas, hacer rechinar los dientes". En otras ocasiones, lo que encontramos es un esfuerzo de inmutabilidad: siempre la misma taza, la misma comida, los mismos dibujos animados, la misma ropa, etc, pequeñas actividades obsesivas que implican mucho trabajo, tanto o más que las descriptas por Nazeer, ya que no es tarea fácil preservar al mundo del devenir y el cambio, o simplemente del caos. En todos los casos, es un esfuerzo enorme que realizan sin recurrir a nadie más que a sí mismos. Es por ello que Temple Grandin insiste en que son trabajadores *activos*, que no están en un mundo pasivo cuyos contornos vendrían a estar siempre definidos desde el *no*: no habla, no comprende, no aprende, no socializa, no puede quedarse quieto.

Temple Grandin, a quien quizás conozcan por la película biográfica que lleva su nombre, se dedica a dar conferencias para transmitir no solo su experiencia personal, sino lo que aprendió al estar en contacto con muchísimas otras personas autistas. En sus libros, explica que ser autista conlleva muchísimo trabajo, porque constituye una tarea titánica construir(se) un mundo con piezas sueltas, con repeticiones, con alternancias, con recorridos de colectivos, con dibujos animados, etc., y hace hincapié en la necesidad de ir a favor del trabajo que el propio sujeto autista realiza para vivir. Para el caso, si aceptamos que muchos aspectos de la fenoménica autística no son el problema sino *parte de la solución que ya encontraron los sujetos*, entonces, ¿cómo se nos puede ocurrir privarlos del salvavidas que, aferrados, les permite sostenerse en el mundo? Quizás en la escuela no resulte tan sencillo ir a favor de esos modos particulares que los mismos autistas encuentran para estar en el mundo, pero lo que definitivamente sería posible es dejar de ir en contra. Como veremos en el próximo apartado, los beneficios serían enormes para el ámbito escolar, no solo para los propios estudiantes sino también para sus docentes y sus compañeros.

— SEGUNDA PARTE —
Una encrucijada: ¿Luchar contra o ir a favor?

Si el autismo no es una discapacidad sino una posición subjetiva, si no es pasiva sino activa, la lección de Temple Grandin para los docentes es que aprendan a *"trabajar con ellos y no contra ellos"*. De aquí se siguen dos preguntas, tan simples como necesarias.

En primer lugar, ¿qué significa *trabajar contra los autistas*? En pocas palabras, ir en contra del propio esfuerzo que realizan los sujetos autistas para vivir. Esto es precisamente lo que hacemos cuando, desde un punto de vista centrado en el déficit, simplemente detectamos conductas que deben ser combatidas y corregidas. Un ejemplo claro de este trabajo "contra" los autistas, son las técnicas que persiguen alcanzar aprendizajes mediante repeticiones sin motivación subjetiva y prácticas vaciadas de sentido, lo que Maleval llamó "técnicas de amaestramiento". Oliver Sacks, que en los años noventa visitó un centro en EE.UU. inspirado en el método TEACCH (*Treatment and Education of Autistic and Related Communication Handicapped Children*) —propuesto en la década del setenta por el doctor Eric Shopler para las aulas— comentó que estas técnicas generan un "efecto robot", en virtud del cual los niños habían aprendido "formalmente, o al menos exteriormente" a funcionar, pero su comportamiento era desconcertante de ver:

> La artificialidad de tales adaptaciones me chocó un día que visité una escuela. Los niños hablaban en alta voz, pero sin la menor modulación: "buenos días me llamo Peter estoy muy bien gracias cómo está usted", todo ello sin puntuación ni entonación. (Sacks, 2005)

El punto al que me interesa llegar es que estos aprendizajes automatizados subordinan las propuestas de enseñanza escolares a la programación de instrucciones, donde no sólo está ausente la motivación subjetiva del estudiante, sino que las tareas que cumplen están desprovistas de todo significado social o cultural. Es así como podemos encontrarnos en las aulas con estudiantes pegando papelitos, pintando para "llenar el tiempo" o escribiendo números de manera mecánica y repetitiva.

Por supuesto, esta pretensión de combatir ciertas conductas propias del autismo lleva a escenas de enfrentamientos insostenibles en los ámbitos escolares, con efectos devastadores no solo para los niños sino también para los docentes. Estas técnicas con intenciones reeducativas llevan a los niños a aferrarse, a modo de defensa, a esas mismas conductas que se pretenden corregir. A mayor embate por parte de los adultos, mayor retraimiento o mayores desbordes por parte de los niños, en una escalada que desembocan indefectiblemente en situaciones de forzamientos lindantes con la violencia. No es causal que frente al método conductual ABA —creado por el psicólogo clínico Ole Ivar Lovaas para el tratamiento del autismo en la década de 1960— pesen múltiples acusaciones de violencia, principalmente por parte de familiares que denuncian la brutalidad de sus prácticas, ya que el intento de reducir o suprimir los comportamientos calificados como inapropiados desemboca en una confrontación directa con el trabajo de los mismos autistas. La cotidianidad escolar está colmada de este tipo de acciones que luchan contra este trabajo subjetivo, desde sacarle ese objeto que necesita para poder entrar (porque si se le permite, habría que permitírselo a todos) hasta impedirle que camine por el aula (porque debe permanecer sentado, como el resto). Tan pronto como comprendemos por qué estos niños hacen lo que hacen, estos gestos nimios se revelan como una crueldad innecesaria.

La segunda pregunta a confrontar, complementaria de la anterior, es ¿qué significa *trabajar con los autistas o a favor*? En muchas ocasiones, cuando comparto con los docentes la crítica a métodos como TEACCH o ABA, me encuentro con planteos del tipo de "¿entonces qué? ¿Hay que dejarlo hacer lo que quiera?". Se trata de una queja legítima, en la medida en que la escuela es un espacio donde es esperable que todos cumplan con ciertas exigencias básicas, pero no hay que perder de vista que no es lo mismo un estudiante que *hace lo que quiere*, que aquel otro que está haciendo ya su máximo esfuerzo para estar. Es que, precisamente, en el autismo *eso que hace o eso que no hace, no es lo que quiere*. Ir a favor, por eso, en primer lugar implicaría reconocer el trabajo subjetivo del autismo, para luego preguntarnos por qué lo hacen o no lo hacen. Como lo expresó Eric Berenguer en su posfacio al libro de Donna Williams (2012):

> (...) por encima de todo, lo que el psicoanálisis nos enseña es que el autismo es un funcionamiento mediante el cual el sujeto trata de defenderse de una profunda angustia. Y lo hace con medios peculiares, que desafían la lógica del sentido común, pero que tienen su propia lógica que es preciso tener en cuenta.

En ningún caso se trata de curar al autista del autismo, sino que trabajar con ellos supone reconocer que lo que hacen tiene una lógica, que ese hacer es un trabajo doloroso y que no podemos simplemente privarlos de los recursos que se inventaron para sostenerse en el mundo. En todo caso, se tratará de acompañarlos en los modos que encuentran de aliviar su angustia y de intentar abrirles el abanico de posibilidades para que cada uno encuentre sus salidas personales.

***

LAURA KIEL

Dicho todo esto, está claro que este planteo de ir a favor no nos resuelve la tarea pendiente de volver compatibles los requerimientos particulares de estos estudiantes con las condiciones institucionales de una escuela para todos y todas. Sabemos que sus dependencias a algunos objetos, sus modos de habitar el lenguaje, el carácter extraño de su enunciación, sus retraimientos o, por el contrario, sus salidas eyectadas de las aulas, sus modos singulares de aprender, sus hipersensibilidades a los ruidos, entre otras particularidades, hacen temblar las inventivas docentes y la flexibilidad de las escuelas. Sin embargo, estoy persuadida de que esta propuesta de respeto por sus propios esfuerzos y la convicción firme de que no debemos interferir sino potenciar sus propias iniciativas singulares, ya es un primer paso, que, sin dudas, redundará en alivio subjetivo para todos. Las viñetas que comparto a continuación tienen la virtud de mostrar que, si bien no es fácil ni existen recetas universales, otra mirada sobre estos estudiantes es posible.

— TERCERA PARTE —
Escenas de la vida escolar

"Con los años fui aprendiendo a comprenderlos o, mejor dicho, a darme cuenta de que si alguna de sus actitudes me resultaban incomprensibles, eso no quería decir que no tuvieran alguna lógica sino, simplemente, que yo no llegaba a descubrirla". Así lo expresó una docente en un intercambio con colegas. Sus palabras hablan de una posición respecto al saber o más aún, al "saber no saber". Se trata de un aprendizaje que, como todo aprendizaje, requiere de una cuota de decisión y otra de deseo. De ninguna manera estoy diciendo que sea fácil para la docente llegar a descubrir el sentido de algunos comportamientos de sus estudiantes, ni mucho menos que sea posible en todos los casos reconocer qué necesitan. Suele llevar tiempo y perseverancia, dos condimentos que no siempre se encuentran disponibles en las escuelas. Sin embargo, cuando estos acontecimientos ocurren, los efectos resultan inesperados, tanto para los chicos como para sus docentes. Comparto solo algunos, a modo de ejemplo de lo que tienen para enseñarnos. Los elegí porque seguramente nos recuerdan a muchos otros niños y niñas, o nos abren a la posibilidad de abordar algunos temas paradigmáticos como la comunicación facilitada por las tecnologías, la literalidad en la comprensión o el aprendizaje de idiomas, entre otros.

"¿Copien del pizarrón o copien el pizarrón?"

Fede era un niño con un gesto hosco, se lo notaba siempre abrumado y exigido. Podía hablar pero solo lo hacía en raras ocasiones. Tenía serias dificultades para escribir en cursiva, por lo que su maestra dividía el pizarrón y escribía también en imprenta mayúscula. Sin embargo, más allá del esfuerzo de la maestra por contemplar los requerimientos de Fede, la estrategia no estaba funcionando. Fede tardaba siglos en copiar y la maestra no podía detener la clase para esperarlo, de modo que cuando la maestra debía borrar, Fede salía corriendo del aula enojado. De igual manera, si le dejaba su espacio del pizarrón sin borrar mientras seguía con el resto, Fede se frustraba porque se daba cuenta de que no estaba haciendo lo mismo que sus compañeros. Por lo demás, la maestra tenía la impresión de que no comprendía lo que escribía, sino que lo hacía mecánicamente.

Hasta ese momento no nos habíamos hecho la pregunta: ¿qué hacía o no hacía que le llevara tanto tiempo copiar? La maestra se sentó al lado y vio que escribía, borraba, escribía, rompía la hoja y volvía al empezar. Entonces advirtió que para Fede no se trataba de copiar *del* pizarrón sino de copiar *el* pizarrón. La copia consistía en lograr una reproducción fotográfica, prestando especial atención a los detalles y los contornos. Finalmente, no comprendía lo que escribía porque destinaba todos sus esfuerzos a lograr la exactitud de una copia exacta. La maestra, en ese instante, tomó su celular y sacó una foto del pizarrón. Le dijo a Fede que no era necesario que copiara porque ella podía sacar fotos. Podría no haber resultado la idea y que Fede rechazara su propuesta, pero funcionó. A partir de ahí, Fede comenzó a llevar su *tablet* para sacar fotos del pizarrón y así tener algo de atención disponible para dedicarse a aprender.

"In english, yes"

Nico era un niño que no respondía cuando le hablaban ni miraba a los ojos, se sentaba en el último banco y parecía esperar que transcurriera la mañana para poder irse. Era tranquilo, retraído y, si lo dejaban, podía pasarse la mañana hablando para sí. Tenía una acompañante que lo convocaba para que hiciera algo o negociaba con él los momentos de trabajo y los de descanso. Tenía sus fotocopias para completar con actividades que dejaba la maestra de inclusión especialmente para él. Se había acordado que los días que tenían inglés se retirara antes de la escuela. Un día la maestra le pregunta a la psicóloga del equipo por esos soliloquios de Nico. ¿Alguien sabía de qué hablaba, si hablaba solo o conversaba? ¿Cómo podía ser que nunca se hubieran hecho esa pregunta? Cuando finalmente la maestra le preguntó a Nico, él le dijo que estaba ensayando. Así se enteraron que repetía de memoria videos en inglés de un youtuber del que era fan.

Como tantos otros niños, Nico había aprendido inglés en la soledad de su cuarto, imitando la voz y los modismos de algunos youtubers. Forma parte de una generación que habla castellano neutro o "*globish*", un término inventado para designar la especie de inglés muy pobre —pero muy eficaz— utilizado globalmente, una versión simplificada del inglés que usa unas mil quinientas palabras para construir las frases más comunes. Este tipo de lenguaje neutro, impersonal, que al decir de Bárbara Cassin es "una lengua sin autor y sin obra" (2017, p. 44), le ofrece la distancia afectiva necesaria para poder usar el lenguaje como una vía de comunicación. Por eso, en la hora de inglés Nico pudo empezar a participar de las clases, tanto que —en palabras de su acompañante— "parecía otro nene". Y aunque soy consciente de que una golondrina no hace verano, creo que esta historia es una oportunidad para que revisemos la práctica —tan extendida en las escuelas— de eximir o privar a los estudiantes con proyecto de inclusión de asistir a las clases de inglés.

"¿Es gracioso?"

¿A qué maestra le tocaría ese tercer grado? No había candidatos, nadie quería tomar ese grado en el que estaba Ezequiel. Toda la escuela lo conocía y ya en varias oportunidades los padres de sus compañeritos habían pedido hablar con el director. Eze tenía episodios de mucho desborde en los que terminaba revoleando lo que tenía a su alcance. Resultaba imposible anticiparlos, menos aún prevenirlos. Como decía su maestra, parecían ocurrir de la nada. No solo pasaba en clase, también en los recreos. En esos momentos era imposible hablar con Ezequiel, quien terminaba en un rincón angustiado y escondido bajo su capucha. Cuando se podía retomar lo que había sucedido, las respuestas eran siempre las mismas: pedir perdón y decir que no iba a volver a pasar, frases que repetía casi como un mantra.

Un día, en la otra punta del salón dos niños se están riendo y Eze se abalanza para empujarlos. Su acompañante puede observar la secuencia e interviene a tiempo. Le dice que se están riendo de un chiste y que se reían porque es gracioso. En esa oportunidad esas palabras no surten efecto. Sin embargo, ella y la docente pueden comprender lo angustioso que debe ser Eze convivir en la escuela con otros compañeros cuando ciertas expresiones o algunos comportamientos sociales le resultan incomprensibles. La clase siguiente, la maestra trae chistes para contar en clase y les explica por qué los chistes causan gracia y dan ganas de reírse. Para Eze no llegan a ser graciosos, pero ese día acepta hacer un pacto: tanto su docente como su acompañante pueden contarle de qué se ríen los otros chicos y él puede preguntarle a ella en vez de pegarles.

Por supuesto que no fue de una vez y para siempre; muchas veces él no podía controlarse, y otras veces ninguna de las dos estaba disponible en ese instante preciso, pero con el tiempo Eze aprendió a preguntar y a confiar en la respuesta de su maestra, aunque le siguiera costando entender los chistes. Pasado un tiempo, una mañana Eze llega entusiasmado porque tiene algo para contar: "¿Cuál es el último animal del mundo? El delfín". "¿Qué hace un pez en el mar? Nada, nada, nada". Eran chistes que le había enseñado su papá para hacer reír a sus compañeros.

"¿El primer lugar u otro lugar?"

Hace ya un par de años, una acompañante escolar de un niño autista que estaba cursando su primer grado, me comentó —entre indignada y preocupada— que este niño, Juan, siempre quería estar primero en la fila y que si no se lo complacía hacía unos berrinches tremendos. *"¿Cómo que primero?"*, le pregunté. Me llamó la atención porque el primero es en referencia al segundo, a los otros. Me cuenta que la maestra los ordenaba en una fila de menor a mayor, y que Juan había sido el "primero" hasta que ingresó un compañerito nuevo. Todas las mañanas se repetía la misma historia: o el compañerito terminaba empujado o Juan se tiraba al piso llorando o la maestra lograba imponerse para que Juan respetara el orden pero ese día ya estaba perdido, Juan no lograba ni abrir su mochila. *"¿Es tan importante respetar esa fila?"*, preguntaba yo. *"Y, es una escuela, tiene que aprender"*, me contestaba la acompañante. ¿Qué era lo que tenía que aprender Juan y qué nosotros?

Un día la acompañante me comenta orgullosa que había entendido que lo importante para Juan no era ser primero en la fila sino ocupar "su lugar". El patio tenía una línea negra, detrás de la cual se formaba la fila. Juan necesitaba pararse en esa baldosa. Entonces a la acompañante se le ocurrió pedirle a la docente que la fila comience sobre la línea negra, no detrás, para que Juan pueda ocupar su baldosa respetando el orden de la fila, y fue conmovedor ver el alivio que representó para él un movimiento tan pequeño de un adulto.

***

En muchos casos, las soluciones que encuentran los docentes suelen ser sencillas; lo difícil es comprender qué necesitan o por qué hacen lo que hacen. Pero, en otros casos, los procesos son lentos, costosos y con resultados siempre provisorios. No hay recetas que valgan para todos, ni *tips* universales, los arreglos se buscan y se encuentran cada vez, con cada uno y para cada uno. Como no hay técnicas estandarizadas, necesitamos de una orientación. Por eso, en el próximo capítulo nos vamos a dedicar a profundizar en esa orientación, ofreciendo tres ejes para guiar las prácticas escolares a favor de la inclusión. Vamos por más escenas de enseñanzas y menos métodos de domesticación, si aceptan el desafío de educarlos sin reeducarlos.

CAPÍTULO CUATRO

Hacia un modelo pedagógico para armar

A partir de aquí, me propongo presentar algunas piezas de un modelo pedagógico de la inclusión escolar. Este capítulo se nutre de los valiosísimos aportes de referentes del psicoanálisis y de la pedagogía, que ustedes encontrarán recorriendo el texto. A su vez, recupera algunas líneas ya trazadas en trabajos anteriores, no solo míos sino de docentes del equipo de la diplomatura de la UNTREF (Kiel, 2019, 2022, 2024). Si bien los pilares y principios de este modelo pedagógico de la inclusión fueron pensados especialmente para la población de estudiantes autistas, no quita que puedan considerarse también pertinentes para una orientación general de la inclusión. A diferencia de los capítulos anteriores, no pretendo profundizar en desarrollos teóricos sino compartir una orientación para la práctica. Un modelo para la inclusión que parte de la pregunta por las posibilidades y condiciones de las escuelas bajo la convicción de que los edificios solo se vuelven escuelas si hay enseñanzas y aprendizajes.

El axioma de este modelo pedagógico se resumiría así: *para que un estudiante esté incluido en una escuela, tiene que estar aprendiendo, además de inmerso en una cierta relación con los aprendizajes*. Esto quiere decir que, a diferencia de lo que predican defensores de la inclusión social del autismo en las escuelas, la condición necesaria para que acontezca la inclusión escolar es que efectivamente estos estudiantes aprendan en las aulas bajo una modalidad particular de nexo social que Perla Zelmanovich denominó precisamente el "lazo social escolar". Me interesa destacar que este lazo específico opera siempre a través de la mediación de algún docente, enlazando sujetos a saberes compartidos con otros.

A lo largo de los años he tenido la oportunidad de comprobar que, cada vez que un estudiante autista encuentra su lugar en el lazo escolar, los efectos subjetivos resultan siempre sorprendentes. Se me aparecen infinidad de imágenes de niños y niñas que encontraron en sus escuelas la llave para acceder a un mundo más amplio. Las escuelas tienen mucho para aportar, a condición de reconocer la potencia de sus propios recursos. Cada vez me convenzo más que es de la educación de donde pueden venir los cambios que los sujetos autistas necesitan. Por eso, les propongo centrarnos en las posibilidades reales de las escuelas para generar condiciones de escolaridad propicias que permitan que los estudiantes autistas puedan aprender y quieran formar parte. Este modelo pedagógico se asienta sobre tres pilares, que serán nuestra estrella polar en el horizonte: la potencia de la enseñanza, el deseo de inclusión y la ética de la prudencia. En conjunto, estos pilares ofrecen un sistema de coordenadas para orientar las prácticas escolares a favor de la inclusión. Verán que estos pilares funcionan como tres puntos fijos (al modo de las estrellas, las boyas en el mar o las grandes avenidas), suficientes para orientarnos en el accidentado campo de la inclusión escolar del autismo.

— PRIMER PILAR —
La potencia de la enseñanza

El mayor desafío de la inclusión al lazo escolar de estudiantes autistas no es conductual sino pedagógico. Esto es así porque sus modos de aprender y de relacionarse cognitivamente con el mundo no siguen caminos anticipables. Hay autistas que son pensadores visuales como Temple Grandin, es decir, que no piensan con palabras; hay otros, como Jim Sinclair, que no descubren hasta cierta edad que el habla se usa para comunicarse; hay muchos niños que aprenden un idioma extranjero con más facilidad que la lengua materna, mientras que otros no disponen nunca del habla para comunicarse; hay algunos niños que aprenden a leer más fácil con fonemas y otros lo hacen mejor al memorizar palabras completas; y hay niños que se aferran a temas fijos mientras que otros no logran interesarse manifiestamente por ninguno. Si hasta aquí logré convencerlos de que la inclusión es privilegiadamente pedagógica, entonces necesitaremos aprender a enseñarles, porque, si seguimos insistiendo por la misma vía que hasta ahora, sólo nos encontraremos con la misma sensación de frustración e impotencia.

Por supuesto, para que las y los docentes estén dispuestos a embarcarse en semejante esfuerzo, deben estar convencidos de que es posible enseñarles en la escuela y considerar que su función como educadores es brindarles esa oportunidad. No pretendo subestimar la dificultad de esta propuesta. Como nos advierte Donna Williams, si fuera fácil enseñar a personas como ella, las personas autistas —y sus educadores— no tendrían tantos problemas. Para enseñarles hace falta algo más que una declaración de intenciones, tal como plantea Vilma Coccoz (2014): "Es preciso hacer un lugar a lo que rompe la cuadrícula de aquello que se denomina pensamiento racional. Hace falta otra manera de enseñar, hace falta otra manera de pensar". Hago mías las palabras de Vilma ya que soy consciente del enorme movimiento personal que implica asumir semejante tarea.

Por suerte, son muchas las y los docentes que vienen de manera obstinada buscando cómo hacer accesibles sus propuestas de enseñanza. En estos años, contamos con experiencias pilotos, proyectos interdisciplinarios sostenidos de manera conjunta por maestros y profesores de distintas materias, pero también valiosos registros de docentes que aprovecharon ocasiones imprevistas para transformarlas en contenidos escolares. Ellas pueden dar testimonio de lo gratificante que resulta cuando se encuentra la estrategia adecuada o se acierta con la propuesta de enseñanza. Ese momento de sorpresa —al encontrarse con un niño conectado con una actividad compartida, en calma y pudiendo lo que no se sabía que podía— bien vale todo el esfuerzo previo.

Respecto de este punto de la potencia de las enseñanzas, quisiera ubicar tres aspectos a tener en cuenta en las prácticas escolares, tres elementos de la situación que conviene considerar antes de fijar un rumbo o trazar un curso de acción.

El enlace a los intereses específicos

Me acuerdo de Eze, un niño que copiaba, completaba, cumplía con los hábitos rutinarios básicos del ser alumno a condición de que alguien estuviera cerca de él y lo convocara cada tanto. Si su acompañante no concurría, Eze podía pasarse toda la mañana en su banco sin hacer nada. Hasta que un día la maestra leyó un cuento sobre trenes para introducir medios de transportes. Cuando levantó la vista al terminar, vio a Eze de pie dispuesto a explicarle sobre los tipos de trenes, procedencias, años, máquinas, horarios, combinaciones, etcétera. La mamá de Eze le contó que los fines de semana solían viajar en tren, que era la única actividad que lo entusiasmaba. La seño decidió organizar una visita al Museo Ferroviario, para la que debían prepararse con algunas lecturas y algunos aprendizajes previos. Fue una casualidad la que le mostró a esta maestra la llave, pero fue ella quien decidió aprovecharla.

Sin forzamientos, insistencias o refuerzos —ni positivos ni negativos— Eze logró participar de las propuestas de enseñanzas para todo el grado. Hace poco, la acompañante se encontró en la calle con Eze que ya estaba terminando el secundario. Seguía disfrutando de sus viajes en tren, pero ya sin la compañía de sus padres.

Muchos niños como Ezequiel llegan a las escuelas con algunos temas que pueden llegar a exasperar a cualquiera, porque resultan rígidos, acotados, restrictivos y fuera de todo contexto, los llamados "intereses específicos". Nos encontramos con niños que sólo están dispuestos a hablar de ese asunto que los atrapa; con otros que no nos hablan; o con los que ni siquiera sospechamos qué están pensando o qué los tiene tan ensimismados. Son precisamente estos niños los que consideramos "en su mundo" y de los que a veces dudamos si nos escuchan. Pero así como Eze, hoy hay infinidad de estudiantes que saben de trenes, de ríos, de países, de los temas más disímiles, pero que no acceden a compartirlos con otros ni logran interesarse por lo que los demás tienen para compartir. Para todos estos niños y jóvenes, la escuela representa una oportunidad única de hacer lazo a partir de sus intereses específicos, siempre y cuando los docentes estén dispuestos a buscar las condiciones propicias.

¿Qué otra cosa es la escuela más que la oportunidad de ampliar los mundos posibles? Cuando las escuelas logran ir corriendo esos límites de lo posible para cada uno y cuando los niños y niñas encuentran sus modos particulares de disfrutar de los bienes culturales disponibles, la experiencia escolar se vuelve inolvidable, como cuando ese profe de música descubrió que Joaquín podía cantar aun cuando jamás se le había escuchado su voz o cuando Leandro, que no participaba de las clases de educación física, encontró su lugar como relator de un partido de fútbol o cuando Lautaro dejó de estar todos los recreos haciendo sus dibujos en un rincón del patio para transformarse en un dibujante de retratos solicitado, o cuando Sofía pudo ser la concertista de piano en un acto a condición de contar con un biombo para no ser vista. Fue la escuela que les permitió a estos niños vivir en un mundo más amplio, con nuevos recursos, dentro del funcionamiento subjetivo que les es propio.

De nuevo, no estoy diciendo que sea sencillo, ni siquiera que siempre sea posible. Este rasgo de fijeza respecto de algún tema u objeto (que puede ser cualquiera, pero que una vez que se fija se vuelve único), hace que no sea posible aferrarse a una planificación previa, sino estar dispuestos a aprovechar la ocasión cuando se nos presenta. Me doy cuenta de que con estos estudiantes se trata del movimiento inverso al establecido en el contrato pedagógico, en el que se supone que son los estudiantes quienes deben interesarse por lo

LAURA KIEL

que sus docentes enseñan. Aquí, son los docentes quienes deben reconocer en los intereses específicos la vía de acceso a los aprendizajes escolares. Por suerte, cuentan con todo el universo de la cultura para transformar cualquier tema en un contenido escolar, con su consecuente efecto de expansión o desplazamiento de ese centro fijo de interés. Esta operación que transforma un interés absolutamente personal —por ejemplo, los trenes— en un contenido escolar es el abecé de la inclusión, en la medida en que permite que un niño ya no quede en soledad con su tema o aferrado a su objeto, sino que pueda ir a buscar ese objeto en el bolsillo del delantal de su seño o descubrir que su interés forma parte del campo de la cultura. Como plantea Voltolini:

> Cualquier objeto, dado que no existe ningún objeto sin una inscripción —simbólica— de lugar en el mundo, puede, en principio, ser tomado como objeto de estudio y prestarse a ser estudiado desde diferentes ángulos: una fruta puede ser estudiada por la Física, las Matemáticas, la Biología, la Literatura, la Filosofía, etc., siempre que no esté destinada a ser consumida. (2021, p. 174; la traducción es mía)

Es esa inclusión en el lazo escolar la que vuelve los objetos intercambiables, los pone en circulación, así como hace soportables ciertas concesiones y aceptables algunos cambios. Solo en la escuela se produce la magia de transformar un objeto cualquiera en un bien público. Solo la escuela tiene la potestad de elevar cualquier objeto a la dignidad de lo común.

La inclusión al universo de la cultura es un camino plagado de aprendizajes, de crecimiento, pero también de renuncias y de pérdidas. Para algunos, transitar este camino resulta un esfuerzo enorme, pero posible.

La atención a lo pequeño

Inés tiene un único color favorito, el verde. Para intentar que copie, la docente eligió una tiza del mismo color para escribir en el pizarrón e inmediatamente Inés accedió a escribir con su birome de brillitos verdes. Para no dejar a Inés encerrada en su mundo verdoso, a la maestra además se le ocurrió llevar a todo el grado a recorrer el parque para reconocer los distintos verdes que hay en la naturaleza. A partir de ahí, ya no había para Inés un color verde sino una gama de verdes, con sus nombres y sus intensidades. En la clase de plástica aprendieron cómo se formaba el verde y la posibilidad de crear distintos verdes. Entonces Inés aceptó también usar el azul y el amarillo. Con el tiempo también fue incorporando otros colores a su vida. A Facu, en cambio, no le interesan los colores, pero todos los días llegaba a la escuela con su botellita de jugo en la mano. Como está prohibido ingresar con bebidas, lo obligaban a entregársela a su mamá antes de entrar. Estaba ansioso toda la mañana hasta que llegaba la hora de irse y su mamá lo esperaba en la puerta con su botellita. "¿Qué sería de la escuela si les permitiéramos a todos traer sus objetos?". Pero ¿todos necesitan tanto su objeto como Facu? ¿Y si lo dejamos entrar con su botellita y de a poco vamos propiciando que pueda dejarla? ¿Y si le buscamos un lugar a esa botella para que Facu recurra a ella cuando la necesite? "*Siento que no estoy haciendo nada para ayudarlo*", me dijo la docente cuando le propuse dejar entrar a Facu con su botella.

Estas escenas muestran que la inclusión escolar de un estudiante autista no tendría que consistir en grandes objetivos ni en metas exigentes. Muy por el contrario, se trata de prestar atención a los pequeños detalles; de ser un poco detectives a lo Sherlock Holmes, famoso por encontrar la información que encierra lo sutil, lo ínfimo y aparentemente insignificante. Esa búsqueda de indicios del sujeto en la particularidad de cada situación requiere de una disponibilidad atenta y de confianza en la fuerza de los gestos mínimos. Entiendo que las condiciones institucionales no propician esa disponibilidad por parte de los docentes. También comprendo que, en una época de acciones contundentes y resultados medibles, una propuesta de inclusión basada en gestos sutiles y sin grandes medidas resulte difícil de adoptar. Entiendo que las escuelas sostienen su normal funcionamiento con acciones claras y contundentes. La rutina escolar se simplifica a base de opciones binarias: se puede o no se puede, está permitido o está prohibido, está bien o está mal, vale para todos o para ninguno, respuesta correcta o incorrecta. Sin embargo, pequeños gestos pueden abrir grandes posibilidades, a veces tan pequeños como acordarse de escribir con tiza verde en el pizarrón o dejar que traiga su botella al aula.

Muchas veces las respuestas de los estudiantes —no solo en el caso de los sujetos autistas— pueden estar afectadas por factores que desconocemos pero que, de alguna manera, están a la vista. Lo que sucede es que sus modos de pensar y de ser no son obvios, de modo tal que si entre los seres humanos el malentendido es inevitable, con estos estudiantes se profundiza aún más. Les doy otro ejemplo. Una maestra comenta que Nacho no comprende las consignas, ni las más elementales, señalando que le pidió que ordenara los días de la semana y él los había escrito en cualquier orden. Pasado un tiempo, le planteó la misma tarea y repitió los días en el mismo orden. Nacho es un niño con lenguaje oral y recursos comunicativos que únicamente los usa cuando los considera necesarios. Por eso cuando la maestra le pidió que le indique por qué eligió ese orden, recién ahí Nacho pudo explicar que pone primero los días que más le gustan y después los que menos, que el miércoles es el día que va al cine con su papá y por eso va primero y así, hasta el lunes que es el que odia porque tiene que volver al cole. La maestra se dio cuenta de que no había explicitado qué tipo de orden esperaba como respuesta, al mismo tiempo que advirtió que el criterio tradicional de lunes a domingo no resultaba en absoluto obvio para Nacho, sino más bien tan arbitrario como cualquier otro (orden alfabético, cantidades de letras, acentuación, etcétera). Daniel Tammet también comenta en primera persona su relación particular con los días, ya que los diferentes días de la semana le provocan distintos colores y emociones en su mente: los martes son de un color cálido mientras que los jueves son borrosos. Quizás, si podemos imaginarnos múltiples maneras de ordenar los días, podamos enriquecer nuestros modos de percibir y comprender el mundo, encontrando en los detalles las llaves a otras maneras de pensar y de comunicarnos.

El armado de colectivos abiertos y flexibles

La docente de un grupo de tercer año de primaria pide ayuda porque tiene dos niños autistas bajo proyecto de inclusión en el aula, cada uno con su acompañante. Se muestra agobiada porque no logra "dar clase". Viene intentando bajo diversas dinámicas y técnicas lograr que el grupo se calme y que Seba y Fede se adapten a las rutinas escolares. Estamos cerca de las vacaciones de invierno y todos los chicos están cada vez más desbordados, con los dos niños "incluidos" cada vez más tiempo fuera del aula. Ya no sabe qué más hacer. La docente siente que con estos dos niños no se puede y que ya probó de todo. A Fede solo le interesan los caballos y a Seba nada, ni habla. "¿Será así? ¿Nada?", le pregunté al pasar. Cuando volví a las semanas, me encontré con otro grado, se los veía trabajando en grupos, no digo en silencio, pero sí tranquilos. Estaban preparando el acto del 17 de agosto. ¿Cuál había sido el milagro? De pura casualidad, la acompañante de Seba descubrió su interés por conocer y memorizar los días de la semana en los que cualquier hecho acontece. Ella le comenta que la semana siguiente no vendría un día porque era su cumpleaños y Seba dice "miércoles". Efectivamente, era el miércoles. Le pregunta por los cumpleaños de sus compañeros, a los que parecía no registrar, y también se acuerda el día. La acompañante confirma con la mamá el interés de Seba por los días. Le cuenta que sabe el día que nacieron todos los miembros de su familia y que ella le enseñó a usar la aplicación que permite ubicar el día de cualquier fecha. El día de mi segunda visita, Seba y un grupito estaban calculando los días en que nació y murió San Martín y tuvieron lugar los acontecimientos principales. Fede se interesó por el caballo blanco de San Martín y lo estaban dibujando con otros compañeros. Juana, que no tiene ningún diagnóstico pero se acerca a todos para preguntarles qué comieron, estaba en otro grupo, investigando cuáles eran las comidas en esa época. Así descubrieron que no existían ni la Coca ni los Chizitos. Había otros equipos con otras tareas. También había un par que circulaban de una mesa a la otra sin decidirse. Si le preguntaban a cualquiera de esos niños qué estaban haciendo, todos podían confirmar que estaban formando parte de una misma escena colectiva.

Pues bien, sabemos que estar incluido en una escuela no es lo mismo que permanecer en el edificio. Para considerar que un estudiante como Seba o Fede está incluido en una escuela se necesita que pueda ser contado y contarse como elemento de un conjunto, de ese para-todos que funda el lazo social escolar. Como sostiene Fabiana Demarco (2019), hay un "nosotros" que se produce cada vez, en cada escuela, en cada grupo y para cada escena de enseñanza en particular, y dado que ese nosotros escolar se produce cada vez con propuestas de enseñanzas y toma las formas de las mismas, para avanzar en un modelo pedagógico de la inclusión resulta imprescindible revisar las nociones de grupalidad implícitas en las concepciones didácticas. Este trabajo de deconstrucción, si bien puede parecer agotador, produce efectos de alivio, tanto en docentes como en estudiantes. El trabajo de la docente de tercero me parece un buen ejemplo para repensar la inclusión como esa búsqueda artesanal de propuestas de enseñanzas abiertas, contingentes, con lugares varios a ser ocupados y que producen, como efecto mismo de esos aprendizajes, comunidades educativas más inclusivas. Demás está decir que no todos los intentos van a tener final feliz, pero sí les puedo afirmar que esta orientación libera a los docentes del esfuerzo titánico de tener que hacerle un lugar a cada uno de los "incluidos" de manera individualizada.

El imperativo de individualidad que anida en los proyectos de inclusión de ninguna manera vino a resolver las problemáticas de las grupalidades tradicionales. Ni todos haciendo lo mismo ni cada uno haciendo lo suyo. Ni grupos cerrados ni singularidades sueltas. Es una buena oportunidad para profundizar las elaboraciones que ya se vienen realizando para inventar comunidades bajo otras lógicas. En todo caso, el desafío será producir continuamente una serie de nosotros efímeros (todos los que les gustan los números o la música o…), porosos (todos los que quieran), accesibles (todos lo que formamos 2° A); colectivos en los que se pueda entrar y salir, que, como dice Pal Pelbart (2009), vayan creando "espacios heterogéneos, con tonalidades propias, atmósferas distintas, en los que cada uno se enganche a su modo".

LAURA KIEL

Ya contamos con valiosas experiencias docentes en el armado de propuestas de enseñanzas, bajo otras lógicas vinculares, respetuosas de las singularidades, pero sin renunciar a la formulación de esa comunidad de estudiantes necesaria para que las convivencias en las aulas resulten soportables. Será cuestión de seguir aprendiendo de ellas. Sabemos por Temple Grandin que a las personas autistas suele resultarles más fácil establecer contacto con otras personas cuando comparten con ellas una actividad que les interese a todos, cuando el interés de esa comunidad ya no está centrado en los vínculos interpersonales o en los estados emocionales de cada uno sino en lo que están aprendiendo; dato que confirma la pertinencia de un modelo pedagógico.

— SEGUNDO PILAR —
El deseo de inclusión

El deseo es algo de lo que prácticamente no se habla en el campo de la inclusión educativa, que en cambio rebosa de referencias a las necesidades, los derechos y las demandas. Si leen cualquiera de las guías, compendios y manuales disponibles, verán que muy rara vez se tiene en cuenta el hecho de que los niños —autistas o no— son sujetos deseantes, además de seres vivos y sujetos de derechos. Sin embargo, el deseo también es el principal motor de la inclusión en las escuelas, como lo es en todos los asuntos humanos: la educación, la política, el arte, la ciencia, etc. De allí que el segundo pilar del modelo pedagógico sea el deseo, sin el cual no hay protocolo ni ley que alcance para incluir a un niño o niña en el lazo escolar. Sin deseo, en realidad, nada alcanza: ni las buenas intenciones, ni los ideales, ni las capacitaciones, ni las herramientas, ni los recursos. Por supuesto que contar con algo de todo esto es condición necesaria, pero no suficiente, porque además es imprescindible que entre en escena lo que llamo un *deseo de inclusión*.

Ahora bien, como sé que lo que estoy diciendo es problemático y pasto para todo tipo de malentendidos, merece que haga algunas aclaraciones. La escuché a Ana Abramowski decir que quienes asumimos una perspectiva crítica en algunos campos nos convertimos en "aclaracionistas seriales", ya que el riesgo del malentendido es demasiado grande. La primera y más importante aclaración es que ese deseo de inclusión al que me estoy refiriendo no es el del educador, al que damos por sentado; no es un deseo de incluir sino de ser incluido. El deseo que motoriza la inclusión escolar es el deseo de los propios niños y niñas: deseo de aprender, pero también deseo de formar parte de ese "para-todos" que solo una escuela puede instalar.

En la medida en que ese deseo no es natural ni espontáneo para los seres humanos, nuestro oficio podría reducirse a un "hacer desear" o *querer que quieran*. La función de los adultos es querer que los niños quieran formar parte de la escena escolar. No se puede forzar. Ni siquiera se puede planear de acuerdo a fines, ni trazar una estrategia calculada que nos garantice algún resultado. Lo único que podemos hacer es ofrecer las mejores condiciones. Es obvio que esta tarea de *hacer que quieran*, en el caso de los estudiantes autistas, toma la forma de una paradoja que supone educar a quien pareciera rechazar cualquier demanda, necesaria por otro lado, para ser educado. Estos niños y adolescentes "se defienden de las intenciones del otro, se defienden del adulto en cuanto le suponen una intención" (Carbonell y Ruiz, 2013).

Quisiera hacer una segunda aclaración, porque decir que el deseo de inclusión de los niños es el motor de la inclusión escolar no equivale a convertirlos en sujetos autónomos ni mucho menos dejarlos solos con los precarios arreglos que ellos mismos encontraron para hacerse este mundo vivible. No quiere decir en absoluto "abstención pedagógica" tal como Meirieu (1998) nombra al abandono del niño a sí mismo. Concretamente, lo que establece este segundo pilar del modelo pedagógico, tal como venimos diciendo, es que los niños bajo proyecto de inclusión no son sólo el objeto de deseo de los adultos (deseo de incluir, educar, curar, gobernar), sino también sujetos con una posición frente al deseo, sujetos que pueden decir que sí o decir que no, de múltiples maneras, a eso que la escuela tiene para ofrecerles.

En la medida en que un docente pueda atribuir a lo que un niño hace o deja de hacer la expresión de un deseo que lo interpela (aun cuando pueda desconcertar, angustiar y, en ocasiones, exasperar), estará mejor orientado para, en primer lugar, tratarlo con respeto y consideración, y luego poder intervenir, ya no sobre las conductas sino sobre las condiciones. Por eso, la pregunta aquí es por las condiciones. ¿Cuáles serían las condiciones propicias que debemos ofrecer a todos los niños y jóvenes, pero especialmente a los estudiantes autistas, para que puedan querer formar parte del lazo escolar? Elijo tres de las más importantes para compartir con ustedes.

Dar lugar al conflicto

La referencia al conflicto como constitutivo del sujeto, y en su contracara, como fundante de la cultura misma es un planteo estrictamente freudiano. Podríamos decir que la inclusión al lazo escolar es solidaria de la *aptitud para la cultura* de la que habla Freud. Esa aptitud, "siempre provisoria y sujeta a las circunstancias externas, no es algo natural ni ya dado, supone un proceso que se construye con gran esfuerzo" (Kiel, 2014). Ese camino sinuoso, que cada nuevo ser que llega a este mundo necesita transitar, está plagado de renuncias y concesiones, pero también de ganancias y gratificaciones. Por más que ciertas corrientes actuales pretendan convencernos de lo contrario, el conflicto para el ser humano no solo resulta ineliminable, sino imprescindible y fuente de crecimiento. No se puede preservar a los niños ni de la frustración ni del encuentro con los límites de lo imposible, y si tal cosa se creyera posible, implicaría dejarlos solos, librados a las exigencias desmedidas que provienen del propio cuerpo o dejarlos solos, atrapados en una monotonía desoladora.

Si se trata del conflicto entre los mandatos de la cultura y los impulsos provenientes del propio cuerpo, es evidente que no es cuestión de evadir el conflicto ni de pretender negarlo, sino, por el contrario, de generar condiciones para que cada sujeto pueda alcanzar su mejor arreglo posible. Si bien hoy en día no resulta tan sencillo generar esas condiciones, las escuelas siguen siendo los ámbitos más propicios y con más posibilidades, tal como lo muestra el siguiente ejemplo.

Juan era un niño que entraba al aula y se sentaba siempre en el mismo lugar, no accedía a escribir ni a hacer nada de lo que le propusiera su docente. Si se le insistía para que trabajara, respondía a los gritos y llorando: *no puedo, no puedo, no me sale, me odio.* Se mantenía al margen porque no soportaba que algo le saliera mal. Si hacía un dibujo, lo rompía; si escribía algo, tardaba horas por miedo a equivocarse. Un día a la maestra se le ocurrió trabajar con artistas y obras de pintura abstracta. La consigna era que no se podía decir si estaban bien o mal, sino simplemente decir si les gustaba para luego, al igual que esos artistas, pintar sus propias obras abstractas. La docente llevó potes de pinturas y pinceles. Cada uno tenía su pincel, pero no había potes para todos, por lo que los chicos tenían que correr sus asientos para llegar a las pinturas. Juan se interesó por el tema, quiso pintar, pero no podía moverse de su sitio, el suyo. Se enojó, lloró, salió del aula, hasta que finalmente volvió a entrar y corrió su banco para estar cerca de los potes. Luego se detuvieron en los títulos de los cuadros y aprendieron que los artistas firman sus obras. La docente les propuso organizar una exposición para toda la escuela, tenían que elegir las obras que más les hayan gustado y escribir la biografía del artista. A Juan se le permitió escribirla en la hora de computación y la imprimió en su casa. Llegó el día de la muestra y esta vez fueron sus padres los que estaban llorando al encontrarse a su hijo por primera vez contando entusiasmado la vida de Kooning, su pintor favorito.

Este ejemplo nos muestra dos cosas: que para que se instale el conflicto, el sujeto tiene que estar dividido entre querer y no poder, entre desear y no animarse; y por otro lado, tiene que percibir que algún movimiento es posible. Para ello, es necesario acercar la escena de enseñanza para que se vuelva posible. Si esperamos que un niño escriba cuando no sabe, cuando no puede o cuando le resulta imposible, allí no hay conflicto alguno. Es como la fábula del zorro y las uvas, pero con un costo de sufrimiento enorme: como no pueden, dirán que no les interesa, que todo es una mierda, que ya lo saben, mirarán para otro lado, saldrán eyectados del aula o se quedarán dormidos. ¿Cómo hacer posible la inclusión de un niño al lazo social escolar? De manera contraria a empujar del niño; simplemente acercándole la escena de enseñanza.

Ya en otra oportunidad comenté la ingeniosa ocurrencia de la docente de una niña que no accedía a hacer nada, ni siquiera a jugar con sus compañeras si no era ella quien ponía las reglas del juego. "Si no terminan no salen al recreo" era la consigna que venía repitiendo la maestra desde principio de año; consigna que no concernía a Emilia, que se escapaba del aula antes de que tocara el timbre sin abrir su cuaderno. La docente introdujo una segunda consigna que fue posible de cumplir para Emilia: "para salir del aula hay que pedir permiso". Emilia pedía permiso y la seño la dejaba salir. Este acuerdo permitió llegar a la tercera consigna: "para salir al recreo hay que abrir el cuaderno y empezar a escribir". Finalmente se encontró una fórmula de lo posible para Emilia: sacaba su cuaderno e intentaba copiar, al principio la fecha, luego algún título, alguna cuenta. Era impactante ver la felicidad de esa niña cada vez que lograba cumplir con lo que se esperaba de ella. "Mi mamá va a estar feliz", decía. El proceso no fue lineal, había días y días, sin embargo, Emilia se iba sumando a ese "para todos" que la maestra iba generando. Esta propuesta de hacerlo posible, que para nada es lo mismo que hacer lo posible, puede resonar al planteo archi-sabido de eliminar las barreras y hacer los ajustes razonables que concentra casi la totalidad de la bibliografía escrita sobre inclusión escolar en los últimos años. Espero que no, y que haya podido mostrar las diferencias entre esta tarea artesanal, contingente, que va en búsqueda del sujeto, de aquella otra tarea que consiste en dar los apoyos que el adulto que evalúa considera necesarios.

Crear una atmósfera propicia

Les propongo que imaginemos aulas en las que las y los docentes se toman su tiempo para crear o recrear una "atmósfera deseante", tal como postuló Di Ciaccia (2006). Imaginemos que los esfuerzos docentes están puestos en crear un clima de confianza que se respire en las aulas, aun a sabiendas que no se va a alcanzar más que por instantes, casi por aproximación. No es posible aprender en un estado de angustia, "se requiere de cierta tranquilidad para que un niño pueda interesarse por lo que le ofrece el adulto. Solo obteniendo su confianza, el sujeto podrá aceptar también los requisitos del entorno educativo e interesarse por lo nuevo" (Carbonell y Ruiz, 2013). A lo que yo agrego: tampoco se puede enseñar en un estado de angustia. Se necesita de ese clima de confianza para que alguien pueda dedicarse a enseñar y aprender, lo cual es especialmente cierto cuando se trata de sujetos autistas. Para ellos no implica cualquier confianza, sino una confianza basada en la experiencia de que ese adulto respetará ciertos límites, que no se volverá demandante, ni se mostrará indolente. Una confianza basada en que el adulto no pretende imponerse, ni lo toma como un objeto de sus cuidados, pero tampoco hace como si no estuviera allí. Martín Egge (2008) dice que el autista se aleja porque se siente perseguido y si el maestro insiste, el niño se puede poner a hacer escenas locas para intentar regular al maestro que, para él, resulta amenazante.

Ahora bien, sabemos que es una paradoja, cuando no un despropósito, querer obligar a otro a que confíe en nosotros. ¿Cómo generar confianza a quien precisamente sufre de su desconfianza radical del otro? Una salida posible es dejar de intervenir de maneras tan directas para dedicarnos a crear esa atmósfera propicia con lugares disponibles para que cada sujeto pueda encontrar el suyo. Nuevamente recurrimos a un planteo que hace Di Ciaccia, de que nos dediquemos al armado de escenas de enseñanza que puedan hacer desear lo que ofrece la escuela. Ofrecer así a cada niño un lugar posible de habitar en la escena escolar y dar el tiempo suficiente para que llegue a ocuparlo. Aquí el problema es que muchas veces se trata de lugares y tiempos no ofrecidos tradicionalmente por la escuela: a veces, en la alternancia del adentro y del afuera, a veces de espaldas a una ronda, a veces dentro de una caja o en el borde del aula con la puerta abierta. Por supuesto, no me estoy refiriendo al lugar solamente como espacio físico sino fundamentalmente como lugar simbólico. La creación de esa atmósfera consiste en hacer de esa caja un lugar posible desde el cual aprender, extender los límites del aula para que ese niño con un pie adentro y otro afuera quede incluido, desarmar esa ronda tan redonda para saber que ese niño de espaldas también forma parte.

En definitiva, la función de la escuela sería la misma que para todos, la de ofrecer maneras sociales de hacer con lo que cada sujeto trae o escoge, tal como lo propone Bernfeld (2005). Solo que estos estudiantes necesitan de condiciones muy precisas para consentir o disponerse, de alguna manera, a ocupar ese lugar. A riesgo de repetirme, soy consciente de que es complejo, difícil y agotador ofrecer lugares a quienes, precisamente, presentan un no radical a aceptar esos lugares y todo aquello que implique depender del otro para entrar en el mundo. Inicialmente, la creación de una atmósfera deseante incluso cobra la forma de una lucha entre fuerzas opuestas, tan estremecedora que puede hasta confundirse con un retroceso o agravamiento. Como lo expresa Donna Williams (2012), "eran dos luchas, una para acercarse y la otra para alejarse"; o también, conformaba una guerra de dos frentes, "primero para poner distancia sobre el mundo, segundo para aproximarse al mundo". Pero aun reconociendo todas estas dificultades, tal como dan testimonio las vidas de tantos y tantas personas autistas que encontraron en la escuela las condiciones para decir que sí a lo que el otro tiene para ofrecer, es posible.

Hacerse el/la distraído/a

En una de las pocas oportunidades en las que Lacan habló de autismo, lo hizo para responderle a un psicoanalista con experiencia en el tratamiento de niños autistas, que afirmó que los autistas no llegan a escucharnos y que permanecen arrinconados. Y ahí Lacan (1975) interviene diciendo lo siguiente: "No llegan a escuchar lo que usted tiene para decirles en tanto usted se ocupa de ellos". Este comentario de Lacan relaciona de manera directa el gesto defensivo de los autistas —arrinconarse— con la posición del adulto, ya sea analista o docente. Asimismo, coincide con los testimonios de autistas que recogimos; en todos los casos nos dicen lo mismo: solo pueden escuchar cuando el otro no se muestra tan interesado o no pone en juego emoción alguna, cuando la demanda no se dirige tan directamente al sujeto, cuando no se ocupan tanto de ellos.

Sin embargo, las situaciones de enseñanza suelen estar sostenidas en demandas constantes, desde el momento en que los estudiantes ingresan a la escuela hasta que se retiran: *saquen los cuadernos, copien, salgamos al recreo, regresemos del recreo, vayamos a la clase de computación, entreguen, completen*, etc., etc. Es esta exigencia de estar todo el tiempo respondiendo a la demanda lo que hace de la escolaridad una experiencia agotadora para estos niños y jóvenes. "¿Por qué los adultos intentan que los niños hagan cosas absurdas?", se preguntaba Kenneth Hall a la edad de diez años, cuando decidió escribir un libro, convencido de que la gente debería saber más cosas sobre el autismo y comprenderlo mejor. Él se negaba a hacer las cosas que le parecían absurdas, aun cuando le resultaran sencillas, y prácticamente todas las actividades que le proponían en la escuela le resultaban absurdas, como escribir a mano, hacer cuentas horizontales o verticales, etc. Kenneth, al igual que tantos otros niños y niñas, hizo grandes esfuerzos para hacer esas cosas que les resultaban absurdas. Al leerlo pensaba que quizás nosotros también podamos hacer el esfuerzo de preguntarnos por el sentido de algunas de las demandas que se trafican en las condiciones de enseñanza impuestas. Seguramente se allanaría el camino, no solo para los estudiantes sino también para los docentes. ¿Será posible separar, o por lo menos mantener a la máxima distancia posible, las demandas de las enseñanzas?

Respecto de lo que estos niños necesitan del docente, tenemos muchas pistas que nos brinda la narrativa autista. Donna Williams nos dice que el otro debe estar dispuesto a poner en tela de juicio lo que sabe, con toda humildad, para volver a aprender; que debe estar preparado para seguirle los pasos. Lo dice de una manera muy bella: *"busco un guía que me siga"*. Jim Sinclair también nos deja su recomendación: "Acérquese respetuosamente, sin preconcepciones y con una predisposición abierta para aprender cosas nuevas, y usted encontrará un mundo que jamás se hubiera imaginado". Enric Berenguer, en el posfacio al libro de Donna Williams, destaca que gran parte del éxito del tratamiento que ella realiza con el Dr. Marek se debe a las características personales del profesional:

> Una posición respetuosa, no intrusiva, cierta implicación, pero no demasiada, saber esperar, incluso retroceder alguna vez, una gran paciencia, sensibilidad ante la angustia y también algo que, tal como ella lo describe, va más allá de la aplicación de un saber puramente técnico. (Williams, 2012, p. 281)

Me gustaría cerrar este apartado con la expresión de Virginio Baio que nos vuelve a dejar en una paradoja. Él nos propone que probemos con una posición "distraídamente atenta" a ver cómo nos resulta. Esa era la posición de Teresa, una maestra que sola pudo encontrar ese estilo distraídamente atento. La primera vez que la conocí fue en el acto patrio del 25 de Mayo. Se acercó emocionada a Joaquín para felicitarlo con un abrazo porque había logrado quedarse sentado en la tarima junto a sus compañeros. Él la empujó y salió corriendo. Luego de la conmoción por una respuesta que no esperaba, Teresa pudo darse cuenta de que se había acercado de una manera intempestiva y repensar que la indicación que se le había dado a la acompañante externa —"que no se separe ni a sol ni a sombra"— no era la adecuada. La acompañante se sentaba al lado de Joaquín y le hablaba todo el tiempo, situación que llevaba a que el niño se tapara los oídos, se pusiera su capucha y no parara de balancearse. Cuando la acompañante por algún motivo no concurría, se lo notaba más tranquilo. Teresa le pidió a la acompañante que se sentara al fondo de la sala y que acudiera cuando Joaquín lo solicitara. Por supuesto que durante bastante tiempo no solicitó su presencia. Cuando la maestra pasaba por los bancos repartiendo alguna fotocopia, casi sin mirarlo le dejaba una y casi de pasada le decía a la acompañante que ayudara a algún otro niño. Así se percató de que, si se trataba de operaciones matemáticas que él ya sabía, se negaba a completarlas, y que de ninguna manera estaba dispuesto a escribir respuestas que superaran una palabra, pero que si le daba algún crucigrama o sopa de letras, o alguna adivinanza, se lo observaba concentrado e interesado. Joaquín podía conectarse con algunas actividades que le interesaban o que lo motivaban. Sin embargo, no consentía a hacer cosas sólo porque el otro se lo pedía. Por ejemplo, si las preguntas eran sobre un libro que acababan de leer, solo para comprobar si lo habían entendido, Joaquín no lo completaba. Teresa comprendió que Joaquín no se negaba a participar sino que simplemente necesitaba que tuviera algún sentido para él y que nunca lo hacía para complacerla. Una de las condiciones era que él no supiera la respuesta. Así fue como Teresa pudo ir comprobando cuáles eran los temas de interés de Joaquín, sus conocimientos matemáticos y en qué formatos debía presentarle las actividades que, por otra parte, eran las mismas que para todo el grado. Teresa aprendió a respetar esa distancia mínima que Joaquín necesitaba. Cada vez que ella intentaba acercarse más de la cuenta, él ya no necesitaba salir corriendo, pero le hacía saber que mejor no y ella retrocedía rápidamente. Habían aprendido a comunicarse con la mirada y a comprender los gestos corporales. El último día de clase Joaquín recompensó a su maestra con un abrazo de despedida.

Este es un ejemplo claro de lo que sería hacerse el distraído, mirar de soslayo para ir instalando un lazo sin intrusión, un acercamiento por rodeos sutiles a través del armado de escenas de enseñanza que puedan *hacer querer* y *poder recibir* lo que la escuela tiene para ofrecer. El lazo escolar ofrece las mejores condiciones para salir de las trampas de los vínculos de a dos (que siempre se vuelven una encerrona) mientras el docente se muestra distraído poniendo algo del deseo en otro lado, por ejemplo, en los contenidos que eligió para enseñar.

— TERCER PILAR —
La prudencia

Hace más de diez años, en un intento por encontrar algo que hiciera de tope a las propuestas que llegaban a las escuelas con formatos de saberes universales y con técnicas "probadas científicamente", propuse una ética de la prudencia. Me preocupaba que esas soluciones que nos traían —las mismas para todos y con resultados garantizados— se presentaran como técnicas fácilmente protocolizables y sencillos procedimientos aplicables por cualquiera y a cualquiera. Todo es fácil y sin complicaciones. "Los pictogramas se usan con los autistas". "Los ejercicios de respiración, las clases de yoga, pintar mandalas, etc. son técnicas de autorregulación que deben aplicarse en las aulas". "La Educación Emocional es una técnica predictora y reguladora de las conductas violentas". Y así podríamos seguir, con un listado de verdades que se instalaron sin margen de duda de nuestra parte. Pero esos discursos resultan tan seductores, entre otros motivos, porque se desentienden de lo que falla, es decir, de buena parte de la experiencia humana, negando el conflicto y el deseo de los sujetos que, como sabemos, es lo que complica todos los planes.

En realidad, si lo pensamos, el único modo de sostener este tipo de certezas es a costa de los vínculos, porque en cuanto nos instalamos en una relación ya no vale ninguna regla, ni saber con formato científico. Ya no existe "el autismo", existe este niño que tengo sentado en mi aula, y al que necesito conocer en tanto me siento involucrada en lo que le pasa. No estoy diciendo nada nuevo. Hace décadas, Maud Manonni (1976) nos advirtió sobre estos discursos sin sujeto y sin vínculos, que no hacen más que dejar la impotencia de nuestro lado, una impotencia que lleva en los ámbitos escolares a pedir más recursos, más programas, más terapias, más de todo. No hay punto de basta, siempre aparece algo nuevo que se presenta como la solución, sin explicar por qué reemplaza a la anterior, que también era la solución.

En este escenario, un llamado a la prudencia es casi un gesto de resistencia. Es también una manera elegante de recuperar para el campo de la inclusión escolar algunas de las enseñanzas troncales de Freud y de Lacan: no ir de frente sino por el sesgo, no buscar resultados ya que los efectos se darán por añadidura, no impacientarse para actuar sino ser respetuosos de los recursos y posibilidades de cada uno. Y por otra parte, en el campo de la filosofía, desde los tiempos de Aristóteles, la prudencia es una virtud asociada a la toma de decisiones. Es prudente quien sabe actuar en situaciones concretas porque es allí donde se debe decidir, cada vez, en lo particular de una escena.

Por eso, en el siglo XVII Baltasar Gracián (autor del libro *Oráculo manual y arte de prudencia*) decía que la prudencia no es una ciencia, sino el arte de decidir en situaciones de urgencia e incertidumbre. Se mueve en el dominio de lo contingente, de lo que puede ser de otra manera. Esto es central, ya que solo en la medida que las cosas podrían ser de otra manera es que cabe hablar de una responsabilidad subjetiva por las decisiones que se toman y por los efectos de esas decisiones.

Si bien para todo ámbito de la práctica se necesita prudencia, esto es especialmente cierto en el campo de la inclusión escolar del autismo, donde en demasiadas ocasiones se atropella a los niños autistas con procedimientos invasivos en el afán mismo por incluirlos, sin reconocer que sus actitudes suelen ser reactivas a nuestras actitudes. Me voy a permitir elegir tres rasgos de la prudencia que me mostraron su potencia en la inclusión escolar del autismo.

Actuar en distintos tiempos

Un dato curioso de la prudencia tal como ha sido pensada desde Aristóteles es que se mueve a dos velocidades: una deliberación lenta y una decisión rápida que se toma en el momento propicio. Son dos momentos complementarios. Para los que están familiarizados con los tiempos lógicos de Lacan, transcurre en ese "tiempo para comprender", ese lapso necesario para ubicar detalles o encontrar gestos menores y, fundamentalmente, para alimentar un vínculo. El riesgo de este tiempo, por supuesto, es que se dilate al infinito, ya sea por el miedo a equivocarnos, ya sea por la ilusión de alcanzar la certeza absoluta. El otro riesgo es que nos instalemos en este tiempo al resguardo de la toma de decisiones. El ejemplo paradigmático que suelen dar los teóricos es el del manejo: no necesariamente manejar despacio vuelve al conductor prudente. Si ese conductor pretende liberarse de la responsabilidad que implica estar al volante yendo despacio, seguramente solo logrará entorpecer el tránsito. En otras palabras, no podemos quedarnos congelados en la etapa contemplativa porque la prudencia es una virtud de la acción práctica, es un tiempo para comprender que sólo se completa en el momento exacto en que tomamos la decisión.

En el campo de la inclusión escolar, un ejemplo más cercano puede ser el ingreso del acompañante externo a un aula. Muchas veces, por demoras en obras sociales o en prepagas; por trámites pendientes o extensos; o simplemente porque el centro no logró encontrar un profesional, la o el acompañante llega cuando la situación ya alcanzó decibeles insoportables para todos. La maestra suele estar cansada y frustrada, y el niño o la niña

LAURA KIEL

por la que concurre puede presentar estados de angustia desbordantes que expresa de las maneras más desconcertantes, con gritos, hablando sin parar, haciendo sonidos guturales, moviéndose constantemente o manteniéndose inmóvil, yéndose encima de sus compañeros o protegiéndose dentro de su capucha. Desde el primer día de su llegada, todos están esperando que el o la acompañante *haga algo*, pero lo que suele ocurrir es que ese acompañante se sienta atrás, al fondo, y necesite tomarse un tiempo para conocer a ese niño, niña o adolescente para ubicar qué necesita y qué puede aportarle. Ese malentendido inicial acerca de las temporalidades, es difícil de remontar para ambas partes. Es cierto que es necesario un tiempo para conocer, pero también es cierto que ese momento no es pasivo. En nuestro campo, no hay que impacientarse por "tomar medidas", pero de todos modos hay que tomarlas. Siempre llega el momento de la decisión y, como todo acto humano, es una apuesta bajo nuestra responsabilidad. Y no importa cuánta experiencia tengamos, cuantos años hayamos estudiado o cuántos informes hayamos pedido a los especialistas, el momento de la decisión se vive con vértigo.

Por fortuna, las ocasiones para la toma de decisiones en el ámbito escolar se van presentando de manera cotidiana. Esto es, la cuestión no se dirime en actuar o no actuar, sino en el cómo: la prudencia nos previene contra la precipitación de la intervención y la expectativa de la solución definitiva. Por cierto, no estamos hablando de grandes hazañas; puede ser una decisión mínima, un detalle particular o un simple gesto al alcance de la mano. Como esa docente que, ante la indicación de la directora que cite a los padres, optó por darle a la niña un tiempo de espera. No era la primera vez que atravesaba esas entrevistas en las que una madre salía de la reunión angustiada; también sabía que, si convocaba al equipo para que la observaran, se precipitaría una escalada que terminaría dejando afuera a la niña y a la maestra misma. ¿Y si me equivoco? ¿Y si la directora tiene razón? ¿Y si la estoy privando de un tratamiento que necesita? Todas preguntas que preocupaban a esta maestra. Transitar ese compás de espera fue agotador para la docente, y sin lugar a dudas, le hubiera resultado más sencillo obedecer a la directora y desimplicarse de la situación de esa niña. Todos sabemos que es aliviador actuar en nombre de la normativa, siguiendo un protocolo, acatando la última guía de procedimientos que llegó a la escuela o quedando al resguardo de prácticas burocráticas como actas, informes, etc. Sin embargo, el sistema escolar está colmado de docentes, directoras, supervisoras o inspectoras que, antes de acompañar con su firma alguna medida, se toman el tiempo, no solo de acercarse a esa alumna o a ese estudiante sino de conocer el contexto, de escuchar a los padres, para llegar a tomar su propia decisión.

Sólo me gustaría compartir la convicción de que la prudencia nos lleva a, por lo menos, intentar tomar las mejores decisiones en las situaciones en las que formamos parte, tal como se presentan, no las que nos gustarían, no las que consideramos que tendrían que ser, sino en el aquí y ahora, en lo particular y en lo contingente de la vida misma.

Percibir el sufrimiento

Por momentos pareciera que el sufrimiento de los niños y de los jóvenes se ha vuelto invisible para los adultos; quizás las modalidades de presentación de las infancias y adolescencias haga que se nos pierda de vista su padecimiento. Las palabras que usamos para hablar de ellos y muchas veces el modo en que los tratamos son un reflejo de las formas de interpretar sus actitudes. Es impactante escuchar el relato de docentes refiriéndose a situaciones extremas vividas por algunos niños sin alusión alguna al sufrimiento que podrían generarles. Alguien me dijo hace poco que ahí donde yo veía un adolescente sufriendo, ella veía un estudiante al que no le importaba nada y que no necesitaba nada de nadie. No se trataba de un estudiante autista, solo de un joven más, al que estar en el colegio se le tornaba insoportable. De ninguna manera creo que esa persona fuera indiferente al sufrimiento, sino que quizás exista un vacío significante, como si no contáramos con la mirada para ver y las palabras para percibir el sufrimiento. Esto es particularmente constatable en el trato con niños y jóvenes autistas. Sus modos de presentación suelen ser interpretados en términos de voluntad, de decisión, como si fueran dueños de sí actuando de manera caprichosa o como si no estuvieran dispuestos a hacer el mínimo esfuerzo para adaptarse.

Se me presentan escenas a borbotones: ese niño que quedó expuesto a la vista de todos al romper sus carpetas por haberse equivocado, ese otro niño que rompió un ventanal con su cabeza porque necesitaba salir del aula y la puerta estaba cerrada con llave, esa niña que no podía salir de abajo de un banco y terminó haciéndose pis, o ese niño escondido detrás del tacho de la basura tratando de soportar un recreo. En todos estos casos, los comentarios de los adultos traslucían agotamiento, enojo, impotencia, quizás algún otro sentimiento, pero pocas referencias al sufrimiento. Si los escuchamos a ellos, a los autistas, aprendemos a reconocer el sufrimiento, como el de André, que recién de adulto pudo contar lo mal que lo pasó en la secundaria al "*levantar la mano muchas veces porque sabía la respuesta, pero después ser incapaz de decirla y provocar así la risa de sus compañeros y las burlas de algunos profesores*" (Nazeer, 2006, p. 12).

Por supuesto que comprendo que es desgarrador percibir el sufrimiento, sobre todo si nos sentimos impotentes para conseguir algún alivio. Pero, aun así, conectarnos con el dolor puede ser un buen punto de partida para buscar los modos de actuar con prudencia. Para ello, como ya dijimos, es necesario no dejarse engañar por las apariencias. Me acuerdo de Felipe, un niño que concurría dos horas al colegio y se las pasaba aferrado a su mochila, sin acceder siquiera a sacarse la campera por más que la maestra hizo todos los intentos posibles para que se incorporara a las actividades del aula. Un día, Feli se distrajo con una canción que estaba enseñando el profe de música y luego se puso a llorar de manera desconsolada. Nadie podía entender qué le pasaba. Parecía un episodio "de la nada", como suele decirse. Finalmente, en un torbellino de palabras, pudo decir que se había olvidado por qué número iba, que ahora ya no sabía. Resulta que Felipe se pasaba las dos horas contando mentalmente dos veces hasta 3600 para saber cuándo vendría su mamá a buscarlo. Todos estaban convencidos que Feli no sabía contar, que no prestaba atención, sin embargo, su problema era que estaba demasiado atento al momento en que su mamá volviera a buscarlo. Fue la seño quien pudo entender qué trataba de decir y al advertir el sufrimiento de Feli pudieron juntos encontrar alguna alternativa menos exigente. Probó poner un reloj en el aula, pero a Feli no le resultó. Probó decirle que ella le avisaba, pero tampoco. A la mamá se le ocurrió dejarle su reloj con una alarma que sonaba a la hora y a las dos horas. Recién así, Feli pudo liberarse de semejante tarea.

Intentar un aprendizaje consentido y con sentido

Una noción fundamental y ya clásica en el tratamiento con autistas que introdujo Antonio Di Ciaccia es la noción de "*dolce forzatura*" (forzamiento suave o dulce), como una sutil insistencia sostenida. El forzamiento suave se distingue de los métodos de aprendizaje obligado, en tanto el primero se apoya en los intereses y el saber del sujeto, mientras que el segundo se apoya en el saber previo y en los criterios del educador. El primero tiene sus raíces en la dinámica subjetiva mientras que el segundo lo ignora. En principio, podemos decir que no es específica de la clínica psicoanalítica, sino que también vale para la educación. En la inclusión escolar del autismo hay un forzamiento ciertamente suave, porque se busca evitar que las escenas escolares sean vividas por el niño como una demanda o imposición de algún poder aplastante. Maleval, en la misma línea, habla de "aprendizaje consentido", lo cual, jugando con la formación de la palabra (consentido, consentido), nos ofrece un significado más amplio y acorde con el que venimos planteando; a saber, que el sujeto que consiente, a su vez, debe encontrarle sentido. Recuerden la pregunta de Kenneth: ¿Porqué los adultos intentan que los niños hagan cosas absurdas, a las que no le encuentran sentido?

Los testimonios de autistas coinciden en la necesidad que tienen de recibir cierta estimulación por parte del adulto, sin la cual, se corre el riesgo de que se queden atrapados en cierta apatía o inacción. La madre de una niña autista lo expresaba de esta manera: *"Con Carla siempre te sentís en una delgada línea roja, no se la puede dejar sola porque ella necesita un impulso exterior para ponerse en marcha, pero también hay que saber cuándo ceder porque lo necesita"*. Como en cualquier proceso educativo, el sujeto autista necesita del otro para ir corriendo los límites y ensanchando su propio mundo, para ir desplazando y complejizando el uso de sus objetos así como para ir descubriendo nuevos medios de satisfacción. Pero estos movimientos requieren de ciertas condiciones, que el sujeto esté dispuesto a ceder lo que ya tiene tan aferrado para lograr apropiarse de aquello que se le ofrece: que valga la pena soltar algo para ganar otra cosa.

Sabemos que estas sustituciones y desplazamientos son muy costosos para los sujetos autistas, en parte porque algunos de sus objetos forman parte del propio cuerpo, tales como sonidos que hacen vibrar la garganta, la estimulación con las luces o ciertos movimientos para los que no necesitan recurrir al otro. La posibilidad de instalarse ahí, en ese circuito tan cerrado es difícil, pero no imposible. Esos objetos de la satisfacción se van descubriendo, reemplazando, transformando según las ofertas y disponibilidades propias del campo de la cultura. En esos movimientos se van generando otras condiciones para la satisfacción: pedir con palabras, aceptar los tiempos de espera, respetar una medida, soportar turnos, compartir con los otros, etc. Por eso es fundamental que los niños deban dirigirse al Otro en búsqueda de sus objetos. Y en este proceso, por supuesto, la escuela tiene una función privilegiada.

***

En este capítulo les propuse armar una caja de herramientas, en la que compartí algunas de las que más valoro y que tanto me acompañaron en mi trabajo cotidiano. Debo confesar que me sorprendí con todo lo que ya sabemos y, al mismo tiempo, soy consciente que es un trabajo abierto, que todavía tenemos mucho por delante.

LAURA KIEL

A modo de recapitulación, podemos preguntarnos: ¿Qué sabemos hasta acá?

Que nuestros estudiantes tienen maneras diversas de aprender, que no podemos anticipar cómo aprenden y por eso necesitamos aprender a enseñarles.

Que partimos del niño tal como es (con su objeto privilegiado en caso que lo tenga, con sus intereses específicos si los conocemos) para extender, generalizar, desplazar ese centro de interés privilegiado y llevar progresivamente al niño hacia un proceso de aprendizaje.

Que es posible mantener a la máxima distancia la demanda de la escena de enseñanza, si bien, separarla es imposible

Que aprenden a menudo, e incluso mejor, por la tangente que cuando son confrontados directamente y sin escapatoria posible a la tarea en cuestión.

Que sus "rarezas" tienen una función y que es un acto de crueldad pretender quitárselas.

Que sus intereses específicos no son necesariamente un déficit sino la vía a través de la cual hacer lazo con los contenidos escolares.

Que debemos contar con la prudencia para no forzar a nadie a abandonar las soluciones que supo inventar sin estar lo bastante seguro de que podrán ser reemplazadas por otras mejores.

Que un mensaje demasiado directo o con fuerte carga emocional les dificulta la comprensión, que pueden entender mejor cuando el mensaje se halla inserto en la melodía y que la comunicación suele facilitarse con lo escrito.

Este listado queda abierto e incompleto *ex profeso* para que ustedes lo sigan.

Momento de concluir

Escribí este libro con la intención de abrir antes que cerrar. Para ser coherente, entonces, no tiene conclusiones ni palabras finales, solo la precipitación del momento de concluir. Serán ustedes quienes saquen sus propias conclusiones. Y ojalá tomen la posta en el armado de este modelo pedagógico propuesto para la inclusión escolar de estudiantes autistas. Esa es mi apuesta, la de la construcción colectiva, ya que la inclusión escolar necesita poblarse de otras voces, algunas ausentes hasta el momento y otras que no han sido suficientemente escuchadas. El campo de la inclusión se conformó hasta aquí de espaldas a sus destinatarios, los propios estudiantes, y con prescindencia de la participación de los docentes. Este libro constituye, en cierta medida, un llamado a reponer esas voces, a convocarlas. Insiste en la necesidad de escuchar a los estudiantes, con todo lo paradojal que pueda resultar la pretensión de escuchar a aquellos que en muchos casos sustraen su voz o se encuentran impedidos de asumir una enunciación. Aun así, es posible escucharlos y es posible dejarnos enseñar por aquellos autistas que se esfuerzan por acercarnos un mensaje. Pero también insiste en la necesidad de hacer lugar a esas otras voces, las imprescindibles, las de los verdaderos artífices de cualquier cambio posible: las de docentes, educadores, profesionales de la educación, que tampoco han sido consultadas suficientemente ni tenidas tan en cuenta como se debería.

Ahora sí, desde aquí, les propongo que en un movimiento retrospectivo volvamos al inicio del libro, donde el problema era el cortocircuito de la escuela con la llegada de la inclusión en el cambio de milenio. Mi expectativa es que el recorrido propuesto permita reconocer y/o conquistar un margen de maniobra en las aulas para la inclusión escolar de estudiantes autistas.

Como de momento no podemos resolver el cortocircuito, mi propuesta es habitar algunas islas de lo posible sin olvidar el mar de la imposibilidad que nos rodea. En esta perspectiva, me permito cerrar con dos observaciones que adoptan la forma de paradojas:

La paradoja de la identidad: Según cuenta la leyenda, después de haber matado al Minotauro, Teseo partió desde Creta hacia Atenas en un barco que ya era bastante viejo. Durante el viaje, cada tanto se rompía o desprendía una pieza que, inmediatamente, debía ser reemplazada por otra en mejores condiciones. Luego de un largo y penoso viaje, cuando Teseo y sus tripulantes llegaron a buen puerto, advirtieron que lenta y progresivamente habían desmantelado y recompuesto completamente el barco, al punto que no quedaba en su sitio ni una sola pieza del navío original. ¿En qué punto del viaje dejó de ser el barco de Creta y empezó a ser el barco de Atenas?, se preguntaron algunos. ¿O es que, a pesar de ser completamente otro, siempre fue el mismo barco?, sugirieron otros. La llamada paradoja de Teseo, que en el campo de la filosofía es un recurso común para reflexionar sobre la identidad de los objetos que cambian y crecen, nos permite formular el mayor desafío que enfrentamos actualmente en el campo de la inclusión escolar: ¿cómo cambiar la escuela sin que deje de ser una escuela?

Los testimonios y las escenas escolares que recoge este libro abogan a favor de una idea muy sencilla que, en realidad, no necesita defensores porque es algo que reconoce cualquiera que trabaje en las escuelas: la presencia de estudiantes autistas en las aulas requiere de nuevas reconfiguraciones de la máquina escolar, alterando o reemplazando muchas de sus piezas originales ensambladas en el siglo diecinueve. Es por ello que la escuela inclusiva puede suscitar el mismo interrogante que la nave griega: ¿en qué punto del viaje la escuela se vuelve una institución inclusiva? ¿Cuáles son esos mecanismos y engranajes que la escuela necesita reemplazar para ir adecuándose a las demandas de la inclusión pero sin por ello dejar de ser una escuela?

Frente a los intentos de reducirla a una máquina terapéutica o de gobierno de las infancias, es importante recordar que la escuela se define por su primera función, que es educar, la tercera de las profesiones imposibles de Freud. Desde sus orígenes, la escuela funciona como una "máquina de educar" (Pineau, Dussel y Caruso, 2001). Más allá de las innumerables reparaciones y reformas, lo que preserva a la escuela como escuela es ser una institución dedicada a la enseñanza. Y este es de paso el principal motivo por el cual la inclusión escolar de estudiantes autistas demanda un modelo pedagógico, fundado en la premisa que las escuelas incluyen enseñando, y que cuando enseñan están incluyendo.

LAURA KIEL

La paradoja de la responsabilidad: La primera razón por la que elegí hablar de máquinas, mecanismos y piezas en este libro es para intentar desviar la mirada del que busca la responsabilidad en lo que hacen o dejan de hacer algunas personas (la maestra, la acompañante, la directora, etc.), procurando mostrar que no se trata en lo central de un asunto de voluntades ni de intenciones, ya sean buenas o malas. Concebir la escuela como máquina equivale a decir que hay mecanismos, engranajes y modos de funcionamiento que no dependen de nadie en particular. Pero al mismo tiempo —y de ahí su carácter paradójico—, una escuela también es la concurrencia y acople de voluntades particulares que la hacen posible. Negarlo sería absurdo. Consciente de este estatuto doble y sin pretender resolver lo irresoluble, quise que este libro espejara ambos niveles de la causación:

Por un lado, existe una "gramática" o "forma" escolar que se impone a las personas como la fuerza de gravedad. Esto es lo que cotidianamente nombramos "el sistema", para indicar que hay estructuras organizativas más o menos fijas de la institución escolar que nos superan y escapan a nuestra mejor buena intención. Esta es la razón por la cual pedirle a los distintos miembros de la comunidad educativa que resuelvan el cortocircuito de la inclusión a título personal es tan absurdo como esperar que un meteorólogo arregle el cambio climático. Es lógicamente imposible que el cuerpo de docentes, de directivos y de acompañantes —a puro esfuerzo voluntarista, compromiso con la profesión o empatía— realicen los cambios estructurales que las políticas de inclusión requieren.

Pero, por otro lado, no podemos pensar la máquina escolar sin la dimensión subjetiva, porque funciona con el consentimiento y la resistencia de los sujetos. Esto es, no sin la disponibilidad de los docentes. No sin el acompañamiento de las familias. No sin la decisión de los equipos de conducción. No sin el deseo de los propios estudiantes. A lo largo de estos años, acompañando escuelas y docentes en sus esfuerzos personales por sostener la inclusión, me he topado con gestos conmovedores, pequeños detalles con grandes efectos, misceláneas de la inclusión que suceden en los márgenes de la maquinaria escolar. Lamentablemente, al igual que otros efectos de la docencia, muchas veces se escriben en la arena, se desvanecen en el aire o se diseminan en la vorágine cotidiana. Espero que este libro sirva para dar visibilidad a ese mundo escolar donde la inclusión es posible gracias al deseo, la buena voluntad y la determinación de algunos adultos o algunas instituciones.

***

En los cortocircuitos e *impasses* de la máquina escolar otra escuela se está abriendo camino. La inclusión se cuela en las hendijas e intersticios de los viejos mecanismos, pero su avance no es lineal ni está exento de paradojas. Tras un primer desembarco del paradigma inclusivo en los años 2000, la escuela necesitó y necesitará aún tiempo para encontrar sus propias respuestas, sus estrategias o recursos, en la medida de sus posibilidades y sin dejar de ser una escuela. Con la escritura de este libro quise contribuir a este inmenso proyecto colectivo, inacabado, reversible y lamentablemente frágil, buscando redoblar una apuesta por la inclusión escolar que, no hay que olvidar, es tanto por la inclusión como por la escuela.

Referencias bibliográficas

Capítulo uno

Bettelheim, B. (1977). *Psicoanálisis de los cuentos de hadas*. Crítica.

Bonino, L. (1995). Los micromachismos. El poder masculino en la pareja modern. En J.A. Lozoya y J.M. Bedoya, *Voces de hombres por la igualdad*. Creative Commons.

Cevasco, R. (2010). *La discordancia de los sexos. Perspectivas psicoanalíticas para un debate actual*. Psicoanálisis & Sociedad ediciones.

Danelinck, D. (2024). No hacer nada es la cosa más difícil del mundo. En L. Kiel (comp.), *La prudencia como brújula*. UNTREF.

Guattari, F. (1996). *Caosmosis. Un paradigma ético-estético*. Manantial.

Kiel, L. (2020). La invención de una nueva figura: el integrado. En P. Zelmanovich y M. Minnicelli (comps.), *Resistidas y desafiadas: las prácticas en las instituciones entre demandas, legalidades y discursos*. CLACSO.

Macías Barbé, C. (2023). *La inclusión social del autismo en la escuela*. Letra Viva.

Pineau, P., Dussel, I. y Caruso, M. (2001). *La escuela como máquina de educar. Tres escritos sobre un proyecto de la modernidad*. Paidós.

Terigi, F. (2021). Actualidades y transformaciones en la educación escolar de las personas con discapacidad. En P. Cobeñas *et al.*, *La enseñanza de las matemáticas a alumnos con discapacidad*. Editorial de la Universidad Nacional de La Plata.

Vassiliades, A. (2016). Posiciones docentes y construcciones en torno de lo común frente a la desigualdad en Argentina. *Foro Educacional*, 27, 121-140.

Capítulo dos

Dehaene, S. (2019). *¿Cómo aprendemos? Los cuatro pilares con los que la educación puede potenciar los talentos de nuestro cerebro*. Siglo XXI Editores.

Ecclestone, K. y Hayes, D. (2009). *The Dangerous Rise of Therapeutic Education*. Routledge.

Foucault, M. (1974a). La crisis de la medicina o la crisis de la antimedicina. En *Medicina e historia. El pensamiento de Michel Foucault*. Organización Panamericana de la Salud.

Foucault, M. (1974b). La historia de la medicalización. En *Medicina e Historia. El pensamiento de Michel Foucault*. Organización Panamericana de la Salud.

Masschelein, J. y Simons, M. (2014). *Defensa de la escuela. Una cuestión pública*. Miño y Dávila Editores.

Prieto Egido, M. (2018). La psicologización de la educación: Implicaciones pedagógicas de la inteligencia emocional y la psicología positiva. *Educación*

XXI, 21(1), 303-320, doi: 10.5944/educXX1.16058

Recalcatti, M. (2016). *La hora de clase. Por una erótica de la enseñanza*. Anagrama.

Solé Blanch, J. y Moyano Mangas, S. (2017). La colonización psi del discurso educativo. *Foro de Educación*, 15 (23), 101-120.

Terigi, F. (2021). Prólogo. En Pilar Cobeñas *et al., La enseñanza de las matemáticas a alumnos con discapacidad*. Editorial de la Universidad Nacional de La Plata.

Capítulo tres

Battut, M. (2015). Elogio del bricolaje. Blog *Autismos*. https://autismos.elp.org.es/testimonios/190/elogio-del-bricolaje-por-mireille-battut/

Cassin, B. (2017). Traducir los intraducibles: una revisión. *1616: Anuario de Literatura Comparada*, 7, 29-40.

Hacking, I. (2009). Autistic Autobiography. *Philosophical Transactions: Biological Sciences*, 364(1522), 1467-1473.

Hall, K. (2003). *Soy un niño con síndrome de Asperger*. Paidós.

Lacan, J. (1975). Conferencia en Ginebra sobre el síntoma. En *Intervenciones y textos 2*. Manantial.

Laurent, E. (2013). *La batalla del autismo: de la clínica a la política*. Grama.

Lévi-Strauss, C. (1987) [1950]. *Introducción a Marcel Mauss*. Routledge.

Maleval, J. C. (2012). *¡Escuchen a los autistas!*. Grama.

Nazeer, K. (2006). *Las marionetas de André. Cinco autistas en el mundo*. Alba.

Sacks, O. (2005). *Un antropólogo en Marte*. Anagrama.

Sinclair, J. (1993). No sufran por nosotros. *Our Voice*, 1(3).

Sellin, B. (2023). *Quiero dejar de ser un dentrodemi: Mensajes desde una cárcel autista*. Círculo de Lectores.

Williams, D. (2012). *Alguien en algún lugar*. NEED.

Capítulo cuatro

Carbonell, N. y Ruiz, I. (2013). *No todo sobre el autismo*. Gredos.

Demarco, F. (2019). La inclusión como efecto del colectivo. En L. Kiel (Comp.), *Coordenadas de lo posible*. UNTREF.

Di Ciaccia, A. (2003). A propósito de la práctica entre varios. *Jornadas de Estudio sobre el Psicoanálisis*. Eudeba.

Egge, Martín (2008). *El tratamiento del niño autista*. RBA Libros.

Grandin, T. (2013). *Atravesando las puertas del autismo*. Paidós.

Lacan, J. (1975). Conferencia en Ginebra sobre el síntoma. En *Intervenciones y textos 2*. Manantial.

Manonni, M. (1976). La infancia administrada. En AA.VV., *Locura y sociedad segregativa*. Editorial Anagrama.

Meirieu, P. (1998). *Frankestein Educador*. Laertes.

Nazeer, K. (2006). *Las marionetas de André. Cinco autistas en el mundo*. Alba.

Pal Pelbart, P. (2009). La comunidad de los sin comunidad. En *Filosofía de la deserción*. Tinta Limón.

Voltolini, R. (2021). *Crianças fora-de-série: psicanálise e educação inclusiva*. Tese (livre-docencia) Universidade de São Paulo. Faculdade de Educação.

Williams, D. (2012) *Alguien en algún lugar*. NEED.

Lecturas y relecturas que acompañaron la escritura

Bourdieu, P. (1966). *Campo de poder, campo intelectual. Itinerario de un concepto*. Montressor.

Brignoni, S.; Esebbag, G. y Grisales, A. (2022). *Violencias y desamparos. Una práctica colaborativa entre salud mental y educación*. Ned.

Broderick, A. y Roscigno, R. (2022). *Autismo, S.A.: El complejo industrial del autismo*.

Carbonell, N. y Ruiz, I. (2013). *No todo sobre el autismo*. Gredos.

Castel, R. (1997). *La metamorfosis de la cuestión social: Una crónica del asalariado*. Paidós.

Coccoz, V. (Comp.) (2014). *La práctica lacaniana en instituciones I: otra manera de trabajar con niños y jóvenes*. Grama.

Dussel, I. y Caruso, M. (1999). *La invención del aula. Una genealogía de las formas de enseñar*. Santillana.

Dussel, I. Inclusión y exclusión en la escuela moderna argentina: una perspectiva postestructuralista. En https://www. scielo.br/j/cp/a/vxWqfbZ7TX49JR-4JXG8Nybp/

Dubrovsky, S. y Lanza, C. (Coords.) (2023). *Perezhivanie. La potencia de un concepto vigotskiano: Pensar y transformar las prácticas escolares. Teoría sociohistórica, aprendizaje y educación*. Noveduc.

Egge, Martín (2008). *El tratamiento del niño autista*. RBA Libros Ediciones.

Jullien, F. (2006). *Conferencia sobre la eficacia*. Katz editores.

Jullien, F. (2013). *Cinco conceptos propuestos al psicoanálisis*. El Cuenco de Plata.

Kiel, L. (Comp.) (2019). *Coordenadas de lo posible*. UNTREF.

Kiel, L. (Comp.) (2022). *La inclusión empieza por casa*. UNTREF.

Kiel, L. (Comp.) (2024). *La prudencia como brújula*. UNTREF.

Faraone, S. y Bianchi, E. (Comp.) (2018). *Medicalización, Salud mental e Infancias: perspectivas y debates desde las*

Ciencias Sociales en Argentina y el sur de América Latina. Teseo.

Foucault, M. (1974). La historia de la medicalización. En *Medicina e Historia. El pensamiento de Michel Foucault.* Organización Panamericana de la Salud.

Frigerio, G. y Diker, G. (Comps.) *Educar: posiciones acerca de lo común.* Del Estante.

Frigerio, G.; Korinfeld, D. y Rodríguez, C. (Coords.) (2017). *Trabajar en instituciones: los oficios del lazo.* Noveduc.

Illouz, E. (2007). *Intimidades congeladas: las emociones en el capitalismo.* Katz.

Laurent, E. (2000). *Psicoanálisis y salud mental.* Tres Haches.

Laurent, E. (2005). *Lost in Cognition. El lugar de la pérdida en la cognición.* Colección Diva.

Laurent, E. (2009). *El delirio de normalidad. La clínica analítica hoy. El síntoma y el lazo social.* Grama.

Laurent, E. (2013). *La batalla del autismo: de la clínica a la política.* Gramma.

Masschelein, J. y Simons, M. (2014). *Defensa de la escuela. Una cuestión pública.* Miño y Dávila Editores.

McLaren, P. (2005). *La vida en las escuelas. Una introducción a la pedagogía crítica.* En P. Meirieu, *Frankestein Educador.* Laertes.

Muel, F. (1991). La escuela obligatoria y la invención de la infancia anormal. En R. Castel *et al., Espacios de poder.* La Piqueta.

Miller, J. A. (2015). *Todo el mundo es loco.* Paidós.

Miller, J. A. y Milner, J.C. (2004). *¿Desea usted ser evaluado?* Miguel Gomez Ediciones.

Milner, J.C. (2005). *La política de las cosas.* Miguel Gomez Ediciones.

Lacan, J. «Los escritos técnicos de Freud» Seminario I. Paidós.

Lacan, J. (1967), Proposición del 9 de octubre de 1967 sobre el psicoanalista de la Escuela. En *Otros escritos.* Paidós.

Lacan, J. (1967). "Alocución sobre las psicosis del niño", en *Otros Escritos.* Paidós. 2018

Lacan, J. (1975). Conferencia en Ginebra sobre el síntoma. En *Intervenciones y textos 2.* Manantial.

Maleval, J.C. (2011). *El autista y su voz.* Gredos.

Maleval, J. C. (2012). *¡Escuchen a los autistas!.* Grama.

Mannoni, M. (2005). *La educación imposible.* Siglo XXI.

Manzotti, M. (Comp.) (2020). *Autismo. Problemas cruciales para el psicoanálisis.* Grama.

Medel, E. (2018). *Infancias contemporáneas. Retos educativos.* UOC.

Miller, J.A. (2010). *Extimidad.* Paidós.

Miller, J. (2012). Autismo y psicoanálisis. En *El Caldero de la Escuela* 17.

Nuñez, V. (2002). *La educación en tiempos de incertidumbre.* Gedisa.

Ruiz Acero, I. (2018). *Otras voces escritas.* Gredos.

Tendlarz, S. E. y Bayon, P. A. (2020). *¿Qué es el autismo? Infancia y psicoanálisis.* Grama.

Tenti Fanfani, E. (2021). *La escuela bajo sospecha: Sociología progresista y crítica para pensar la educación para todos.* Siglo XXI.

Pal Pelbart, P. (2009). La comunidad de los sin comunidad. En *Filosofía de la deserción*. Tinta Limón.

Pineau, P. (2007). Algunas ideas sobre el triunfo pasado, la crisis actual y las posibilidades futuras de la forma escolar. En R. Baquero, G. Diker y G. Frigerio (Comps.), *Las formas de lo escolar* (pp. 33-44). Del Estante Editorial.

Pineau, P., Dussel, I. y Caruso, M. (2001). *La escuela como máquina de educar. Tres escritos sobre un proyecto de la modernidad*. Paidós.

Puiggrós, A. (2018). *Qué pasó en la educación argentina: Breve historia desde la conquista hasta el presente*. Galerna.

Recalcati, M. (2016). *La hora de clase. Por una erótica de la enseñanza*. Anagrama.

Restrepo García, P. A. (2022). *La educación inclusiva desde los gestos menores: Escenas escolares*. UOC, S.L.

Redondo, P. (2004). *Escuelas y pobreza. Entre el desasosiego y la obstinación*. Paidós.

Skliar, C. (2019). *Pedagogías de las diferencias*. Noveduc.

Southwell, M. (Dir.) (2020). *Hacer posible la escuela. Vínculos generacionales en la secundaria*. UNIPE.

Terigi, F. (2008). Lo mismo no es lo común. En G. Frigerio y G. Diker (Comps.), *Educar: posiciones acerca de lo común*. Del Estante Editorial.

Tizio, H. (2002). *Reinventar el vínculo educativo: aportes de la Pedagogía Social y del Psicoanálisis*. Gedisa.

Untoglich, G. y Szyber, G. (Comps.) (2020). *Las promesas incumplidas de la inclusión*. Noveduc.

Voltolini, R. (2011). *Educação e Psicanálise*. Zahar.

Zelmanovich, P. y Molina, Y. (Comps.) (2023). *Malestar, sujetos y educación*. Lugar Editorial.

Zelmanovich, P. (2013). *Las paradojas de la inclusión en la escuela media a partir de una lectura de la posición de los docentes en el vínculo educativo: aportes del psicoanálisis a la investigación del malestar en las prácticas socioeducativas*. Tesis doctoral. http://hdl.handle.net/10469/6217